LE SALON

DE 1875

PAR

P. DE LA FLÉCHERYE

Extrait du Journal LE MONDE

PARIS

IMPRIMERIE BALITOUT, QUESTROY ET C°

7, RUE BAILLIF, ET RUE DE VALOIS, 18.

—

1875

LE SALON

DE 1875

LE SALON

DE 1875

PAR

P. DE LA FLÉCHERYE

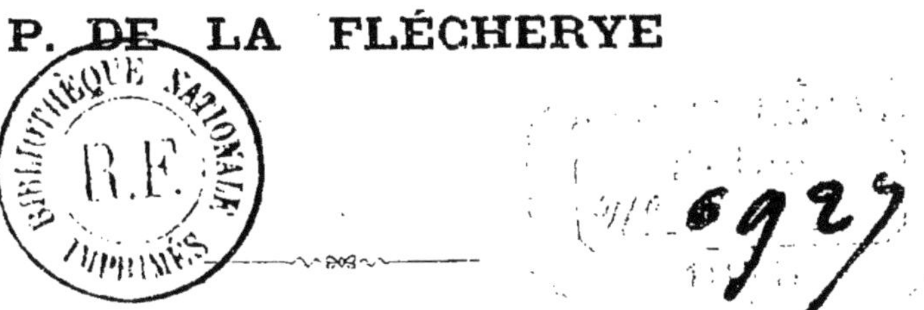

Extrait du Journal LE MONDE

PARIS

IMPRIMERIE BALITOUT, QUESTROY ET Cⁱᵉ

7, RUE BAILLIF, ET RUE DE VALOIS, 18

—

1875

LE SALON

DE 1875

L'Exposition annuelle de peinture et de
sculpture a ouvert ses portes, et l'empressement avec lequel le public a envahi ses
salons prouve combien est importante la
place que tiennent les beaux-arts dans notre vie moderne. Malgré la fréquence des
expositions, Il n'y a pas de défaillance
dans cet entraînement général, et nous ne
pouvons qu'y applaudir, en faisant cependant quelques réserves sur les causes qui
le produisent.

Cet entraînement, il faut bien le dire,
n'a pas exclusivement pour mobile l'amour
du beau ou du bon dans l'art, et bien que
les artistes de notre temps ne le cèdent à
ceux d'aucun autre en nombre et en talent, nous ne saurions, à notre grand regret, comparer notre époque à celles qui

ont été témoins d'un élan analogue. Lorsque, au XVe siècle, les foules se portaient avec enthousiasme vers l'œuvre nouvelle d'un artiste aimé, elles étaient animées autant par la foi religieuse, qui est l'amour du bon, que par l'amour même du beau. Les tendances les plus élevées de l'âme trouvaient dans la contemplation des productions artistiques de cette époque une satisfaction complète et durable; aussi le XVe siècle restera-t-il éternellement le siècle de l'art grand et fort par excellence, et c'est par l'étude de son œuvre que l'art, dévié de sa route, retrouvera un jour ses vraies aspirations.

A cette époque, les artistes, en dehors d'un salaire modique, obtenaient le prix de leur noble labeur par la renommée, par l'immense considération dont ils jouissaient; la spéculation artistique n'était pas encore inventée, et bien que les négociants de Bruges, de Venise et de Florence vendissent les tableaux ou les bronzes de leurs écoles respectives, c'était plutôt au point de vue de l'échange et pour enrichir leurs collections, qu'au point de vue du gain.

Aujourd'hui, que voyons-nous ? Des galeries faites et défaites en moins de dix ans; les objets d'art devenant partie intégrante du mobilier d'un homme élégant, et représentant un capital qui doit être forcément réalisé dans un temps plus ou moins court. On cherche, on se passionne, on est entraîné à l'envi les uns des autres, il n'est personne qui n'en parle ou ne s'en occupe ; en un mot, peintures et sculptures

deviennent de plus en plus à la mode, et
cela depuis peu d'années. Je ne veux pas
dire par là que le goût des beaux-arts ait
jamais périclité en France; nous avons
toujours eu des amateurs éclairés, des col-
lectionneurs passionnés; mais le nombre
en était relativement restreint, les tableaux
changeaient moins souvent de mains, et la
spéculation ne florissait pas comme aujour-
d'hui. Doit-on déplorer un tel état de
choses ? Nous ne le pensons pas ; à défaut
d'autre mobile, l'amour du gain fait aug-
menter la production des œuvres d'art, et
ce qui n'est qu'une mode au début devient
à la longue une passion vraie, souvent peu
éclairée dans le principe, mais qui se mo-
difiera un jour dans un sens plus élevé et
plus profond. Nous n'en voulons pour
preuve que la faveur de plus en plus grande
dont jouissent depuis quelques années seulement les œuvres des Memling, Van Eyck,
Van der Weyden, Fra Beato Angelico da
Fiesole, Antonello de Messine, Filippo
Lippi et tant d'autres, et l'activité que dé-
ploient tant d'hommes savants et consciencieux à fouiller les archives des Flandres
et de l'Italie.

L'art est actuellement dans une période
de fermentation. Il n'y a plus d'écoles, plus
de grandes directions, tout est laissé à l'i-
nitiative de chacun. Les arts étant l'expression la plus vraie d'une époque, et la nôtre
ayant malheureusement la fièvre des jouis-
sances et des plaisirs, nos peintres, au lieu
de chercher le grand et le beau dans leurs
œuvres, qui alors ne se seraient adressées

qu'à un public restreint, ont préféré faire de la peinture amusante et anecdotique, et, par suite, d'une moralité et d'un goût souvent douteux. Bien peu ont pu éviter cet écueil ; ils sont d'ailleurs poussés dans cette voie par les marchands, qui y trouvent leur compte. La grande peinture, c'est-à-dire la peinture religieuse et la peinture historique, n'émeut pas ce public, dont l'éducation est à faire. Devant cette indifférence des uns, ce mauvais goût des autres, quel est donc le devoir du jury d'une exposition nationale des beaux-arts? Doit-il prendre parti pour l'art amusant ou le grand art? Doit-il mettre sur le même rang ces deux genres et les faire participer également à des récompenses d'un même ordre, sans que l'un prime l'autre?

Quelle place tient notre Ecole nationale des beaux-arts dans cette exposition? Quel rôle ses professeurs y jouent-ils? Que font-ils pour le grand art?

Enfin, l'attribution des récompenses est-elle dégagée de tout esprit de coterie, et ce qui est plus grave, de tout esprit de spéculation?

Telles sont les questions qui se posent à notre esprit en entrant dans cette exposition, et auxquelles nous nous efforcerons de répondre au cours de cette critique. Aujourd'hui, nous essaierons seulement de citer les œuvres saillantes qui ont captivé notre attention pendant une visite de quelques heures aux salons de peinture.

Le grand salon carré ne nous donne pas tout d'abord une haute idée de l'Exposi-

tion, car rien n'y est bien remarquable.
On s'arrête néanmoins devant un tableau
géant, conçu et peint dans ce genre si af-
fectionné de nos jeunes peintres, qui con-
siste à représenter l'horrible. Il y a un an,
nous avions une collection de têtes coupées de M. Clairin ; cette année, M. Becker nous met sous les yeux une collection
de sept crucifiés. *Respha protége les corps
de ses fils contre les oiseaux de proie.* Ce sujet est pris dans l'Ancien-Testament (les
Rois, livre 2, chapitre XXI). Cette œuvre
est robuste, et, malgré de nombreux défauts, mérite qu'on l'étudie; nous y reviendrons.

Une autre immense toile de M. Betsel-
lère représente le *Maréchal de Mac-Mahon*
au fort d'une mêlée, tête nue, sur un cheval qui se cabre, montrant l'ennemi de son
épée et entraînant ses soldats. La couleur
ne répond pas au mouvement de cette
composition.

En face, de *Monsieur Beaucé*, le combat
de Pa-li-Kiao, qu'on regarde avec intérêt.
Vis à-vis de la *Respha*, de M. Becker, et
pour reposer nos yeux de ce sujet horrible,
une *Madone avec l'enfant Jésus et saint Jean-
Baptiste*, dans laquelle M. Bouguereau a
atteint l'idéal de propreté et de froideur
glaciale qu'il poursuit depuis si longtemps.
Tout est en marbre dans son tableau. Il
serait injuste cependant de ne pas reconnaître que la Vierge est d'un beau sentiment.

A gauche de ce tableau, un *Samson rompant ses liens,* de M. Lehoux, qui a obtenu,

l'année dernière, une première médaille et le prix du Salon. Nous attendions mieux de cet artiste pour son premier envoi de Rome. Toutefois, son tableau est infiniment supérieur à tout ce que l'école de Rome a exposé cette année au Salon. M. Lehoux s'est laissé influencer par Luca Signorelli ; nous ne saurions l'en blâmer ; il continue à donner des preuves de sa science réelle du dessin, et si son tableau manque d'intérêt, il donne de grandes espérances pour l'avenir. Nous y reviendrons.

Terminons enfin cette nomenclature du grand salon en citant un tableau bizarre, mais bien peint, d'Alma Tadéma, représentant des portraits modernes habillés à l'antique, deux toiles de Lewis Brown, amusantes de couleur et d'action, mais un peu trop lâchées comme facture, et enfin une toile de Berne Bellecour, représentant des *Tirailleurs de la Seine au combat de la Malmaison*.

Si nous continuons notre visite par la série des salons de droite, nous trouvons deux toiles intéressantes de Luminais, qui se relève vaillamment de son demi-échec de l'année dernière ; toutes deux représentent des scènes empruntées aux premiers siècles chrétiens des Gaules, le *Roi Morvan* et un *Troupeau enlevé à l'ennemi ;* deux fort jolies compositions de Lagye, peintre anversois d'un grand talent, qui expose à Paris, croyons-nous, pour la première fois, et qui ont été placées aussi mal que possible. L'une représente des *Zingari devant Anvers*, l'autre une *Marchande d'oiseaux*. Il est à espérer que la commission se hâtera de les placer d'une manière plus convenable.

M. Henner a exposé cette année deux portraits consciencieusement peints et une *Naïade*, délicieuse esquisse d'un ton puissant et fin.

Un peu plus loin, un *Christ*, de Humbert, qui est bien loin de sa *Vierge* de l'Exposition précédente ; le type est vulgaire. Nous attendions mieux que cela de son beau talent. Une ravissante figure de jeune fille de Jacquet, qui a intitulé son tableau *Rêverie*. Ce sera un des succès du Salon. On s'arrête charmé devant cette toile, qui fait oublier les deux autres compositions du même peintre.

Une journée d'hiver en Hollande, de Kœmmerer, spirituelle composition qui ne vaut pas cependant sa *Plage de Scheveningen* de l'année dernière.

Trois portraits de M. Hébert, qui ne peut pas se décider à quitter les tons de sa *Mal'aria*.

Deux toiles de Firmin Girard, éclatantes de couleur, et qui nous étonnent plus qu'elles ne nous charment.

Une *Merveilleuse du Directoire*, de Jules Goupil, grande comme nature, tableau qui fait sensation, et qui mérite son succès par la conscience et le talent avec lesquels le peintre a rendu le type et le costume. Un *Bivouac de chameliers*, effet de soir, par Guillaumet, qui n'est pas inférieur à ses autres beaux tableaux d'Orient. Un frais paysage bien conçu et bien étudié de Hanoteau. Deux autres, de Harpignies, qui se révèle cette année comme un talent sûr de lui-même et qui doit faire école. Citons encore une *Embouchure de la Meuse*, de Kniff, d'un très bel effet, et nous arrivons au salon contenant les toiles de Gustave Doré.

L'une d'elles, *Dante et Virgile visitant la septième enceinte,* ne nous semble être qu'une débauche d'imagination qui n'est pas soutenue par un talent réel ; il n'y a ni modelé ni dessin dans cette vaste composition. Une *Famille de Gitanos* du même peintre est plus agréable à regarder.

Trois marines de Clays, dont l'une surtout, *Entrée de la Tamise*, est un véritable chef-d'œuvre. Il est impossible de mieux rendre le ton des eaux, le mouvement des bateaux, la lumière propre à la mer du Nord ; l'harmonie entre le ciel et l'eau est parfaite. Nous reparlerons spécialement de l'œuvre de ce grand artiste.

Dans les salons qui suivent, nous remarquons : un envoi de Rome, de M. Ferrier, *Ganymède enlevé par l'aigle de Jupiter*, triste spécimen de l'éducation fausse donnée à nos peintres par l'école des Beaux-Arts, et qui ne le cède comme indécence qu'aux figures du musée secret de Naples.

Deux frais paysages, de Groiseilliez, deux autres de Defaux, dont l'un surtout, le n° 595, nous fait admirer les tons les plus fins du printemps, rendus, ainsi que les poules picorant dans la prairie, avec une sûreté et une vérité de touche étonnantes.

Deux jeunes filles fort peu convenables de M. Chaplin s'offrent ensuite à notre vue, et cette réserve faite, nous ne pouvons qu'admirer la fraîcheur de sa palette.

Retournant ensuite vers le grand salon carré, nous arrivons devant les trois tableaux de M. Cabanel. Nous regrettons de n'avoir pas de bien à en dire ; une *Vénus*, surtout, nous semble trahir une vieillesse prématurée de son pinceau. Nous reviendrons, du reste, spécialement sur l'œuvre de ce peintre, qui tient une place malheureusement si importante dans notre école des Beaux-Arts.

M. Carolus Duran a envoyé cette année trois tableaux qui ne sont qu'une répétition très inférieure de son exposition de l'année dernière. Qu'il y prenne garde ! il est dangereux de se croire le plus grand peintre des temps modernes, et M. Duran a trop de confiance dans son talent.

Un peu plus loin nous trouvons le dernier envoi de notre grand Corot ; ce n'est pas en quelques lignes qu'on peut apprécier le talent d'un tel artiste ; contentons-nous de dire aujourd'hui que ces tableaux sont à la hauteur de ses plus beaux.

Viennent ensuite : le magistral portrait de *Mme Pasca*, peint par M. Bonnat. Peinture franche et solide, et qui contraste avec les mièvreries environnantes.

Une jolie étude de Mme H. Browne intitulée la *Perruche*.

Deux études réussies de jeunes filles de Pierre Billet.

Une *Ronde de paysannes autour des feux*

1.

de la Saint-Jean par Jules Breton, qui ne nous semble pas en progrès.

Trois paysages d'Emile Breton peints avec son talent accoutumé, mais que nous avons vus déjà plusieurs fois.

Un beau portrait de jeune femme, de Blanchard, un des meilleurs du Salon.

M. James Bertrand continue à exposer une jeune femme couchée, tantôt morte, tantôt mourante; cette fois-ci, c'est une *Madeleine*. J'aime mieux son tableau de *Lesbie*, jolie étude grecque; quant au jeune homme dans une balance et qui porte cette inscription : Connais-toi toi-même, j'attends de M. Bertrand l'explication de ce rébus.

M. Boulanger continue à nous initier à la vie des anciens Romains; son tableau est intéressant.

M. Vollon, cette année, est bien inférieur à lui-même; j'en dois dire autant de M. Vibert, et surtout de M. Ribot.

Au contraire, M. Pasini est en progrès; il nous donne cette année un charmant tableau : *Promenade au sérail;* sa réunion de *Chefs dans le Liban* est moins réussie.

M. de Neuville tient encore cette année le succès du Salon. Son *Attaque par le feu d'une maison barricadée et crénelée à Villersexel* est un chef-d'œuvre de mouvement, d'entrain, de furie militaire, de vérité, en un mot. Il n'y a là que des éloges à faire. Son second tableau, moins important, est aussi fort réussi.

Un peu plus loin, nous trouvons un portrait de jeune femme fort bien peint de

M. Maignan, et deux autres tableaux de lui, dont l'un : *Episode de la croisade contre les Albigeois*, nous montre que ce jeune artiste a fait de grands progrés depuis l'année dernière.

M. Mouginot nous présente ensuite un buffet mis au pillage par des singes, amusante composition sous ce titre : *Les Amis de la maison*.

M. Nazon, un beau site de l'Aveyron : *Le rocher de Caylus*.

M. Munkacsy, un *Héros de village*, scène prise sur le vif, bien traitée, vigoureusement peinte, quoique dans des tons trop noirs.

M. Manet nous montre des canotiers sur une Seine indigo. Il excite une douce gaîté chez tous ceux qui ne fuient pas cette singulière peinture.

M. Jules Lefebvre, par contre, nous présente des tableaux léchés, pourléchés avec un soin désespérant et toujours de la même manière.

Terminons enfin cette nomenclature par un grand nom bien mal représenté cette année, M. J.-P. Laurens, qui ne soutient sa réputation que par son *Interdit*,

Et par l'envoi de Rome de M. Luc Olivier Merson, envoi dont la faiblesse, la prétention au grand style sont désespérantes. Nous aurons à revenir longuement sur ces envois de Rome dans une prochaine étude.

Dessins et Aquarelles

Notre exposition de dessins est pauvre et comme quantité et comme qualité. On ne dessine plus en France, et c'est là qu'il faut chercher la cause de la dégénérescence de la grande peinture. Sitôt qu'un élève sait bâtir à peu près son *bonhomme*, pour nous servir du terme d'atelier consacré, il prend les pinceaux et ne dessine plus guère; c'est à peine s'il fait parfois quelques études incomplètes pour les figures d'une grande composition. Si nous comparons, dans l'œuvre de nos peintres modernes réputés les plus forts, la place qu'occupent leurs dessins avec la part immense qu'ont les études, dessins et croquis dans l'œuvre des maîtres anciens, on reste confondu de la pauvreté d'imagination que cette stérilité du crayon fait supposer. Et cependant, quand un peintre expose une grande composition, quel intérêt n'y donnerait-il pas en exposant aussi les dessins des principales études qui lui ont servi à faire son tableau! Il affirmerait ainsi son talent et ferait comprendre bien plus sûrement ce qu'il a voulu faire. Mais les dessins modernes se vendent peu, et voilà pourquoi on ne dessine plus.

En revanche, les publications illustrées ont fait naître une foule de crayons aimables et spirituels; mais de tels à peu près ne peuvent pas se classer dans le grand art, et font la plus triste figure à côté des moindres croquis anciens. Il y a sans doute des exceptions, mais, eu égard à la grande quantité de peintres produisant, elles sont bien peu nombreuses.

Nous avons cependant remarqué, dans une visite rapide, et nous signalons à l'attention de nos lecteurs les dessins suivants :

Les nᵒˢ 2783 et 2784, de M. Trayer. Ce dernier numéro surtout, *Jeune femme et enfants*, est une charmante aquarelle.

De fraîches études de fleurs, gouaches de M. Rivoire, nᵒˢ 2692, 2693, 2694.

Trois jolis paysages peints à l'aquarelle, de M. Louvrier de Lajolais, numéros 2525, 2526 et 2527 ; de M. Harpignies, qui a deux superbes paysages exposés dans les salons de peinture, trois jolies aquarelles, *Souvenir d'Auvergne*, l'*Etude*, et *Vue prise dans un parc de la vallée de Montmorency*.

Le nᵒ 2311, jolie étude de *Marais au soleil couchant*, de M. Georges Gassier.

Deux beaux portraits de jeunes filles au pastel de M. Galbrund, nᵒˢ 2304 et 2305 ; le second nous semble très supérieur au premier.

Un magnifique *Coq* et un *Chien*, nᵒˢ 2213 et 2214, traités à l'aquarelle par M. Dehaspe avec une vigueur de touche, un fini et une ampleur qu'on rencontre bien rarement chez les aquarellistes.

Un pastel de M. Ch. Escot, nᵒ 2260, portrait d'homme.

Une aquarelle représentant *Persée délivrant Andromède*, destinée à servir de modèle à une tapisserie, de M. Ehrmann, nᵒ 2257.

Deux gigantesques fusains d'un bel effet, de M. Courdouan, nᵒˢ 2189 et 2190.

Un portrait de femme au pastel, bien traité, de Mme Pauline Carolus-Durand, nᵒ 2252.

Une spirituelle aquarelle de M. Max Claude, nᵒ 2168, sous ce titre: *Conversation, Souvenir de Rotten-Row, à Londres.*

Sous les nᵒˢ 2116, 2117, 2118, trois remarquables aquarelles de M. Brissot de Warville: *Moutons après l'orage, Moutons au repos, Moutons dans la Lande.*

Et enfin deux beaux fusains, l'un, nᵒ 2020, de M. Allongé ; l'autre, nᵒ 2025, de M. Appian.

Viennent ensuite des faïences et des porcelaines peintes d'un joli effet; mais cette branche de l'art ne nous semble pas comprise comme elle devrait l'être, c'est-à-dire au point de vue décoratif, et nous ne voyons rien de bien remarquable à y signaler.

Sculptures

Au premier aspect, l'exposition de sculpture semble plus pauvre que les années précédentes. Il y a effectivement moins de grandes compositions remarquables, et la plupart de celles qui occupent le milieu du jardin sont les reproductions, en bronze, des plâtres du dernier Salon. En revanche, il y a une quantité de beaux bustes, et nous n'avons que l'embarras du choix.

Le *Gloria Victis*, de M. Mercié, exécuté

en bronze, est placé au rond-point central du jardin. Ce groupe n'a pas donné à la fonte tout l'effet que nous attendions; le modelé s'est amolli, arrondi; les draperies sont lourdes. L'ensemble n'en constitue pas moins une fort belle composition.

M. Mercié a exposé aussi nº 3272, sous le titre : *Le Loup, la Mère et l'Enfant*, bas-relief en bronze, une amusante composition dont l'effet général est joli et les figures sont finement étudiées.

M. Chapu expose cette année une charmante figure de jeune fille, la *Jeunesse*, nº 2940, statue en marbre devant faire partie du monument élevé à H. Regnault et aux élèves de l'Ecole des beaux-arts tués pendant la guerre. La jeune fille, drapée à l'antique, un genou sur le socle du monument, élève une branche de laurier qu'elle offre sans doute au buste ou au groupe qui le couronnera. Sa pose est gracieuse, enfantine, et d'un sentiment élevé qui fait honneur à l'artiste. Nous reparlerons de cette figure.

Nº 2864. *Au Gui-l'an-neuf*, de M. Boujault. Un jeune Gaulois élève triomphalement une branche de gui qu'il vient de cueillir. Cette figure se présente bien, a de la vivacité et de la distinction.

Pour faire pendant à cette dernière figure, le nº 2993, *Corybante dansant autour de Jupiter enfant*, de M. Cugnot. Nous ne pouvons voir dans cette composition que le style officiel de l'Ecole des beaux-arts, et nulle originalité, malgré tout le talent que l'artiste y a mis,

M. Frémiet nous montre cette année une *Jeanne d'Arc à genoux*, statue tumulaire. Il nous est impossible de nous la représenter sous ce type qu'affectionne M. Frémiet, et l'air boudeur et sévère de sa Jeanne d'Arc ne convient pas aux traits de la martyre enthousiaste et guerrière. Jeanne écoutait ses voix, ou restait, en dehors de ses moments d'exaltation, la simple pastourelle de Domrémy. Dans la statue de M. Frémiet, elle semble écouter d'un air chagrin une réprimande de son confesseur.

Quant à l'homme *De l'Age de la Pierre*, du même sculpteur, nous avouons l'avoir pris tout d'abord pour un gorille. Y aurait-il une conspiration entre M. Frémiet et M. Littré?

M. Degeorge a exposé, nᵒ 3008, un des meilleurs ouvrages, si ce n'est le meilleur du Salon, sous ce titre : *Jeunesse d'Aristote*. Un jeune garçon aux traits pensifs et studieux, au corps fin et distingué, est assis, presque couché dans un fauteuil et étudie un papyrus développé sur ses genoux. Le mouvement général, celui des jambes en particulier, est des plus heureux. M. Degeorge fait preuve dans cette figure d'une science très réelle et d'un beau sentiment artistique. Nous en parlerons encore.

Sous ce titre : *Education maternelle*, nᵒ 3014, M. Delaplanche nous présente, dans une dimension plus grande que nature, une charmante composition de deux figures. C'est un *Millet* en sculpture ; nous croyons pourtant que ces grandes dimensions n'ajoutent rien au charme du sujet, qui gagnera à être reproduit en petit.

M. Perraud, n° 3326, a gâté un bien beau bloc de marbre pour nous montrer une Vénus de Milo de carrefour donnant à boire à un Hercule de foire, et le tout dans une dimension colossale. Cette monstruosité est destinée à l'avenue de l'Observatoire et se traduit par : *le Jour*. Il n'y a pas de raison pour que la même scène ne se passe pas la nuit.

Nous préférons le *Brennus apportant la vigne*, de M. Taluet, destiné au jardin des Tuileries. Il y a de l'élégance et de l'entrain dans cette figure.

M. Noël a fait exécuter en bronze son *Rétiaire* de l'année dernière. Si l'on n'a que des éloges à donner à cette belle étude, nous ne pouvons en dire autant de son groupe de *Roméo et Juliette*. Juliette est d'une nudité inexplicable et choquante ; le mouvement de son dos est beaucoup trop raide, et, de plus, ce dos n'est pas modelé ; Roméo n'a pas l'air d'un homme qui vient de s'empoisonner, ses traits n'ont aucune expression, et les corps des deux amants donnent deux lignes parallèles qui ne constituent pas un groupe. Somme toute, on reste parfaitement froid devant un sujet par lui-même si émouvant.

Une jeune Mère, de M. Fraikin, n° 3079, se présente sous d'heureuses lignes et est finement modelée, ainsi que son enfant. Mais pourquoi cette jambe relevée peu convenablement? le sujet ne le comportait pas.

M. Damé, n° 2995, expose un groupe

bien conçu et bien exécuté, *Céphale et Pro-cris*. L'idée première, sauf quelques varian-tes, se trouverait peut-être dans une com-position de Prudhon. Ce groupe n'en a pas moins beaucoup de mérite et nous donne de grandes espérances pour l'avenir de cet artiste.

La Prière, n° 3429, de M. Henri de Vau-réal, est une figure de jeune fille bien conçue et d'un joli mouvement. Les dra-peries sont bien traitées, mais le modelé des chairs est faible.

Un joueur de triangle, de M. Roubaud, présente aussi des qualités d'exécution. L'artiste s'est évidemment inspiré du jeune faune de la collection Fould, faisant main-tenant partie de la collection du Louvre.

Le n° 3384, de M. Rygier, représentant la *Vierge et l'Enfant Jésus*, est un joli bas-relief, malgré quelques faiblesses dans le modelé de l'Enfant Jésus.

M. Guillaume, directeur de l'Ecole des beaux-arts, nous fait admirer un magnifi-que buste de Mgr Darboy, n° 3138. Le mo-delé de cette belle tête austère est puis-sant et contenu ; c'est bien là l'œuvre d'un maître.

M. Barrias, n° 2860, expose un joli buste de jeune femme ; les mains sont char-mantes.

Deux bustes de M. Iselin, 3163 et 3164. Le premier, portrait de jeune femme très réussi. Nous aimons moins le second, *géné-ral Lamoricière*.

Une belle tête d'homme en bronze, bien vivante, de M. Carpeaux, n° 2926.

N° 3154. Buste de jeune fille finement modelé par M. Hiolle; du même, n° 3153, portrait du docteur Dereins, beau bronze plein de mouvement.

M. Clésinger expose le buste de Mme Rattazzi, très réussi, n° 2959; beaucoup de vérité, d'allure et de vie.

N° 3056. Buste de jeune femme très élégant, de M. d'Epinay, qui reste fidèle aux traditions du siècle passé; talent bien français, fin et spirituel.

Citons encore : un joli buste mouvementé de jeune garçon, de M. Sanson, n° 3390; un beau buste de femme, de M. Franceschi, n° 3081, et un portait d'enfant, du même artiste, n° 3082.

Nous pourrions encore en citer d'autres; le nombre en est grand, et la moyenne est bonne. Notre sculpture se maintient à un niveau élevé. Il serait à souhaiter qu'on pût en dire autant de notre peinture historique.

La Peinture religieuse

Le Salon compte relativement peu de peintures religieuses, et nous ne savons s'il faut le déplorer ou s'en réjouir; car si, d'une part, il est profondément triste de voir notre école moderne négliger systématiquement ce qui a fait la force et la gloire des grandes époques artistiques, c'est-à-dire l'art religieux, de l'autre, les échantillons de ce genre, *rari nantes!* qui figurent

cette année au Salon sont d'une telle faiblesse, à quelques exceptions près, qu'il est
à souhaiter que le jury prenne des mesures
pour refuser à l'avenir des tableaux qui ne
sont évidemment faits que dans le but de
gagner la faible rétribution qu'on accorde
généralement aux tableaux d'église, et dans
lesquels les artistes, oublieux de ce qu'ils
doivent à leur art, n'ont pas rougi de me-
surer la somme de leur travail à celle de
l'argent promis. Nous verrons en effet la
presque totalité de ces œuvres porter les
mentions : exempt ou hors concours, et il
est certain que sans ce passeport les
deux tiers de ces peintures eussent été
impitoyablement refusées. Or, il n'est pas
admissible que tous ces peintres soient
réllement arrivés à cet excès de faiblesse,
nous oserions presque dire de ramollisse-
ment; il faut donc chercher dans l'impunité dont ils sont assurés la cause de cette
décadence, alors qu'ils n'ont pas pour ce
genre de tableaux le stimulant commer·
cial. N'est-il pas à craindre de voir l'art religieux perdre toutes ses traditions, et n'est-
ce pas le premier devoir de la Direction des
Beaux-Arts de remédier à un tel état de
choses ? Nous essaierons, à la fin de la critique de ce Salon, d'étudier cette question
si importante.

N° 1488. M. Monchablon. Hors concours.
Salvator mundi. Le Christ, de dimension
colossale, assis sur les nuées, tenant le
globe dans sa main gauche, bénit le monde.
M. Monchablon a certainement cherché ; je
rends justice à ses efforts ; mais il n'a pas

trouvé. Son Christ s'inspire, comme arrangement, des Christs byzantins, mais il n'a ni dessin, ni consistance. Tout est flasque dans cette composition.

M. Monchablon fait de la peinture comme certains professeurs d'écriture font de la calligraphie ; son dessin nous fait l'effet d'un grand paraphe. Il n'a pas pris modèle évidemment pour faire cette énorme figure, qui est toute de *chic*. Les draperies manquent de grandes lignes ; l'expression de la tête du Christ n'est pas intelligente ; l'exécution générale est molle, et les tons sont louches. Aussi, pourquoi le jury a-t-il donné, l'année dernière, une médaille de 2º classe à M. Monchablon pour *Quatre évangélistes* qui portaient en germe les défauts qui s'épanouissent si bien aujourd'hui dans le *Salvator Mundi*?

Nº 1348. H. Lerolle. *Les pleurs de sainte Marie-Madeleine*. La sainte, à demi-vêtue d'une peau de chèvre, est représentée accroupie au pied d'un tertre et vue de dos, dans une forêt de pins. Derrière elle, trois anges posés sur une nuée chantent ou jouent de différents instruments. Il est fort possible que sainte Marie-Madeleine pleure, mais nous ne pouvons en juger, puisqu'elle ne nous présente qu'une étude de dos assez bien traitée. Les anges sont bien groupés, mais singulièrement habillés. L'un d'eux a une robe du même ton vert jaunâtre que le gazon qui couvre le sol, et, de plus, un second ange a un violon d'un vert encore plus douteux, auquel nos pères donnaient un surnom pittoresque. Les tons de chair sont couleur de briques. Somme toute, avec ses défauts, ce tableau ne manque pas d'une certaine vigueur et nous fait espérer mieux pour l'avenir. Nous le préférons de beaucoup à la *Vierge africaine* du même peintre, n° 1349, qui présente ce singulier contraste, d'être assise sur un trône de beurre frais reposant sur un sol couvert de neige. Avec beaucoup d'attention, on reconnaît cependant que M. Lerolle a voulu peindre des marbres. Une draperie part des genoux de la Vierge et vient couvrir les marches du trône, en s'avançant sur le sol ; elle ne s'explique pas, mais vient fort à propos donner une note un peu plus vigoureuse dans le tableau et faire contre-poids aux attributs de la Passion posés à terre et que la Vierge regarde fort indifféremment, tout en tenant une belle branche de lis. Nous nous demandons en vain quelle a été l'idée du peintre.

N° 272. A. Bouguereau. Hors concours. — *La Vierge, l'Enfant Jésus et saint Jean-Baptiste.* — Nous avons déjà parlé de ce tableau, où le peintre a mis évidemment tout son savoir. Il y a loin de cela au *Corps de sainte Cécile apporté dans les Catacombes*, du même artiste, belle composition qui figure dignement au Musée du Luxembourg. Que M. Bouguereau redevienne ce qu'il a été, qu'il ne prenne pas pour de la correction cette propreté de lignes qui n'enferment que des masses sans modelé, et pour de la grâce, ce qui n'est que de l'afféterie. La Vierge a une physionomie d'un assez beau caractère. Mais pourquoi cette mignardise dans les enfants, cette recherche coquette dans les pieds de la Vierge, qui ôtent à cette peinture l'aspect simple et sévère convenant à un sujet religieux?

Deux *Madeleines*, procédant de la même école, l'une de M. Cot, n° 523 (hors concours), l'autre de M. J. Bertrand, n° 183 (hors concours), ne nous présentent l'une et l'autre que deux études de nus qui n'ont rien que de très mondain.

N° 1472. C. Michel, hors concours : *Laissez venir à moi les petits enfants*. Est-ce bien le même artiste qui, après avoir peint la *Sainte communion*, maintenant au Luxembourg, ce tableau si touchant, si suave, si profondément chrétien, et de plus si étudié et soutenu, est-ce bien le même artiste, disons-nous, qui nous présente aujourd'hui cette peinture banale et froide, cette vieille draperie classique qui habille des personnages sans caractère et sans étude, aux types tout de convention que le peintre ne s'est même pas donné la peine de chercher? Que veulent dire ces têtes sans vie, ces physionomies qui ne sont pas possibles? Toutes ces draperies classiques, qui ne sont supportables que lorsque l'expression, l'allure des figures, le sentiment religieux de l'œuvre les font oublier, ont-elles été seulement étudiées sur le mannequin? Nous le pensons pas. Est-il digne d'un peintre du talent de M. Michel de nous présenter des œuvres si volontairement lâchées, sous prétexte qu'il est hors concours? Nous attendons de cet artiste une revanche éclatante pour le prochain Salon.

Nous n'avons pas le même reproche à faire à M. Priou, hors concours, qui, sous le n° 1681, nous expose la *Mort de saint Jean-Baptiste*. M. Priou s'est donné du mal, beaucoup de mal; et s'il n'a pas réussi, c'est moins sa faute que celle de l'Ecole des beaux-arts, qui l'a dirigé dans une mauvaise voie. L'année dernière, il a reçu une médaille de première classe pour un tableau étrange, mais dans les données de l'Ecole, représentant une *Famille de Satyres;* famille étonnante, s'il en fut jamais, composée de deux monstres (un gros et un petit), tous les deux à pieds de chèvre et de couleur de pain d'épice, et d'une jolie femme bien blanche, bien parisienne, sans pieds de chèvre , qui se trouve là en pleins champs, couchée nue sur de riches étoffes, et qui est, à ce qu'il paraît, la mère du petit satyre. Le jury n'a trouvé rien de mieux à faire que de donner une première médaille à ce tableau. A l'Ecole des beaux arts, ces insanités s'appellent de la grande peinture. Les élèves, bon gré mal gré, doivent peindre des satyres, des centaures, des syrènes et autres monstres aussi intéressants, avec les tons terreux officiels de la même école, et quand on les a bien façonnés à ce genre de production, on leur donne une première médaille, et les voilà armés de toutes pièces pour faire de la peinture historique et religieuse! M. Priou, pénétré de ce principe que le nu seul est beau, et qu'il doit tenir lieu de tout, nous montre saint Jean-Baptiste entièrement nu dans la cave du palais d'Hérode, mais ayant néanmoins attaché au cou et lui descendant le long du dos une peau de chèvre, que le saint aurait certainement employée d'une manière plus utile pour sa pudeur. Il est vrai qu'il tient à la main sa petite croix, à laquelle est attachée la bandelette portant les mots : *Ecce agnus Dei*, que les peintres primitifs mettaient naïvement à leurs figures de saint Jean, qu'ils avaient soin, du reste, d'habiller plus convenablement. Mais M. Priou a voulu faire de la couleur locale; son soldat et la *Flissah*, avec laquelle ce dernier se prépare à couper la tête au saint, la Salomé attendant sur les marches de l'escalier, trahissent une certaine recherche archéologique ; les naïvetés ne vont pas avec cela ; et puisqu'il se risquait à faire de la couleur locale, il fallait marcher résolument dans cette voie, qui est bonne, et qui n'exclut nullement le sentiment religieux, et nous montrer le saint Jean de l'Ecriture, le réformateur austère, enthousiaste, au corps émacié, noirci par le soleil, à la place de cette étude de modèle nu, banal, aux tons de chair roses, qui choque les yeux et la raison par son invraisemblance. Mais où M. Priou aurait-il pu apprendre tout cela? ce n'est certes pas à l'Ecole des Beaux-Arts, où on doit lui savoir gré d'avoir déshabillé son saint Jean-Baptiste.

Dans la même salle se trouve aussi un *Repos de la Sainte-Famille pendant sa fuite en Egypte*, de M. Pichon, hors concours. C'est encore le vieux fond de draperies classiques, de types qui feraient prendre

Raphaël en horreur, si ce grand homme ne planait à des hauteurs incommensurables au-dessus de ses pauvres imitateurs ; c'est, disons-nous, tout ce vieux fond de redites, de conventions surannées qui s'écoule. Mais on a tout cela si facilement sous la main ; cela se dessine tout seul, sans frais, presque en dormant, et puis, que risque-t-on quand on est hors concours ?

M. Louis Roux, également hors concours, expose, sous les n°ˢ 1757 et 1758, deux petites pochades : *La mise au tombeau de Notre-Seigneur Jésus Christ* et *la Déposition de la Croix*, qui eussent été impitoyablement refusées sans le passeport précité. Il n'y a pas là matière à critique. Passons.

N° 1840, M. Sellier, hors concours, nous montre un *Christ au Tombeau* qui, tout en étant un peu bitumeux et sans grande originalité, a des qualités de dessin et de facture.

Nous arrivons à une composition importante de M. E. Thirion. Hors concours, n° 1878. *Saint Sébastien.* Le saint, percé de flèches, est attaché assez singulièrement et suspendu à un tronc d'arbre que tout d'abord on peut prendre pour un rocher. Deux femmes se disposent à lui donner leurs soins, sans montrer trop d'empressement à le détacher, ce qui semblerait pourtant être le plus urgent. M. Thirion s'est beaucoup préoccupé de pasticher E. Delacroix dans cette composition ; ses fonds, les draperies des deux femmes trahissent cette préoccupation. Mais n'est pas Delacroix qui veut. Son saint Sébastien a une tête des plus vulgaires ; le dessin du corps est mou et sans originalité ; la femme qui avance craintivement les mains pour retirer une flèche est assez jolie de mouvement ; mais un pan du manteau dont elle est drapée se relève singulièrement pour faire un fond à sa tête, qui sans doute se détachait mal sur le ciel. La femme accroupie, vue de dos, est sans originalité. Somme toute, M. Thirion non plus ne s'est pas donné grand mal ; il n'y a dans tout cela que de la facture et pas d'art. Combien les peintures du XVe siècle, avec leurs anachronismes et leurs naïvetés, sont plus vraies au fond que ces arrangements conventionnels qui ne supportent aucun examen, aussi bien au point de vue historique qu'au point de vue religieux.

M. Alexandre Lafond, hors concours, no 1186, expose un *Bon Samaritain*. C'est une œuvre d'écolier, péniblement conçue, péniblement exécutée ; elle n'a pas d'autre but que de nous montrer un torse d'homme faisant effort pour hisser un blessé sur son cheval ; tout cela dans un état de déshabillé, avec des types et des tons de chair également impossibles. Quelle belle chose que d'être hors concours !

M. J. Emile Lafon, hors concours, nous donne en revanche un bon tableau, no 1181, *Le Baisér de Judas*. C'est bien encore la convention qui domine dans les draperies et les tons des draperies ; mais il y a là un effort ; le sentiment religieux y est ; le Christ est beau et noble ; le mouvement, l'expression de sa physionomie sont justes, non moins que le mouvement de Judas. On ne détourne pas les yeux de cette composition, tout au contraire, on est heureux de s'y arrêter, après avoir passé en revue toutes les banalités précitées.

M. Landelle, hors concours, expose la *Mort de saint Joseph*, esquisse d'une peinture pour Saint-Sulpice, et deux fragments de ce même tableau, l'*Ange de pureté* et l'*Ange de douleurs*. Nous sommes convaincus que ces deux derniers tableaux auront beaucoup de succès près des jolies dévotes mondaines, et seront édités chez les fabricants de petites images pour les livres de messe. Nous ne trouvons rien de plus à en dire.

Le n° 1268, de M. Lazerges, hors concours, nous représente un *Christ* en cire se détachant sur un linceul de ferblanc et sortant d'une boîte à surprise. C'est le plus singulier arrangement de tout le Salon. M. Lazerges nous a donné de meilleures œuvres que celle-là, et nous espérons qu'il prendra sa revanche au prochain Salon. Son petit tableau de *Jésus conduit en prison* est bien composé et présente quelque intérêt; mais les tonalités ne sont pas heureuses.

M. Grellet expose deux tableaux dans lesquels il y a des qualités; la *Mort de saint Joseph*, n° 969, est bien composée: le sentiment religieux s'y trouve. Il est fâcheux que la tête du Christ soit insuffisante comme expression et comme type.

Le deuxième, n° 968, *saint Bernard et Guillaume d'Aquitaine à Parthenay*, est aussi

assez bien conçu : « Guillaume, duc d'A-
» quitaine, étant excommunié pour ses vio-
» lences, se trouve à la porte de l'église de
» Parthenay sans oser y entrer. Saint Ber-
» nard, l'apercevant, mit le corps de Notre-
» Seigneur sur une patène, l'éleva dans ses
» mains; puis, le visage en flammes, les
» yeux étincelants, marcha droit à Guil-
» laume, et lui adressa de terribles paroles
» qui firent rentrer le duc en lui-même et
» rendirent la paix à l'Eglise d'Aquitaine. »
Le sujet est grand et beau, et pourrait
trouver un pendant dans l'histoire contemporaine. M. Grellet l'a compris peut-être
un peu trop mélodramatiquement. Son
Guillaume a l'air d'un exorcisé; il y avait,
nous croyons, un meilleur parti à tirer de
cette figure ainsi que de celle de saint Bernard, qui manque d'autorité et de cour-
roux dans l'expression du visage. Quoi qu'il
en soit, ces deux tableaux valent infiniment
mieux que tous ceux hors concours cités
plus haut, à l'exception cependant du *Baiser de Judas* de M. Lafon.

Le *Daniel dans la fosse aux lions*, n° 1669,
de M. Debat Ponsan, exempt, est aussi un
bon tableau, fort étudié. Les lions sont
beaux, et cela est une heureuse innovation,
car jusqu'à présent, dans les compositions
différentes qui représentent ce sujet, les
lions ont généralement l'air d'être des ca-
niches. L'ange apporte Habacuc un peu
trop à bras tendu; le prophète Daniel est
bien groupé avec ses lions et est d'un beau
sentiment.

Le n° 1393, de M. Lousteau, exempt, re-

présente *une Annonciation*. Les figures de la
Vierge et de l'Ange sont peintes en transparence, et il semble que ce soit avec différentes sortes de sirops. Les types sont d'une
banalité extrême. Il est permis de croire
que ce tableau eût été refusé, sans la récompense antérieure qui lui a valu l'avan-
tage d'être exempt.

M. Mottez, hors concours, nous expose
les *Deux Marie au pied de la Croix*, n° 1512.
C'est un des plus tristes tableaux de toute
la série. La Vierge semble dormir ; elle est
roide et guindée ; sa physionomie est insignifiante. Quant à la Madeleine, c'est un
mélange de vulgarité et de prétention qui
la fait remarquer. L'étoffe dont elle est ha-
billée a des reflets de soie, et sa douleur se
traduit par un mouvement du bras gauche
qui développe, sous le prétexte de l'arra-
cher, une magnifique boucle de cheveux
blonds. Il n'y a absolument rien de religieux dans ce tableau.

N° 1458. M. Luc-Olivier Merson, prix de
Rome, hors concours, nous présente un
Saint Michel vainqueur du Démon, modèle
d'une tapisserie exécutée aux Gobelins
pour la salle dite des Evêques, au Pan-
théon. M. Merson s'est inspiré d'estampes
allemandes, et son inspiration n'est pas
heureuse. Saint Michel est posé en mata-
more sur le Diable, qui met beaucoup de
bonne volonté à se laisser ainsi fouler aux
pieds, car il n'a pas l'air bien malade à la
suite du combat qu'il a soutenu, et semble
tout prêt à recommencer la lutte. La physionomie du saint Michel, que l'artiste a

voulu peindre fière, n'est qu'insolente et d'une décoloration que l'on ne comprend pas. Tous les tons de cette peinture sont ceux d'une vieille tapisserie pâlie par le temps. Cela est, ce nous semble, compris étrangement comme modèle d'une tapisserie dont les nuances sont appelées inévitablement à diminuer d'intensité. L'effet général n'est relevé que par une banderole rouge qui entoure l'archange à la façon allemande, et dont l'effet n'est pas heureux. Le Diable est couleur de suie, orné d'une queue invraisemblable, et regarde le spectateur en lui faisant la moue. L'administration des beaux-arts a donc bien de l'argent à perdre pour le dépenser à faire reproduire de pareilles peintures ?

Le n° 1075, de M. Humbert, hors concours, nous donne un *Christ à la colonne*. Nous avons déjà dit notre sentiment sur ce tableau, qui est bien inférieur à la *Vierge* du même peintre, exposée l'année dernière. Le Christ est sans expression, mou de dessin, banal dans toute l'acception du mot. M. Humbert se relèvera de cet échec certainement au prochain Salon.

M. Claudius Jacquand, hors concours, expose, sous le n° 1095, la *Mort de la Sainte-Vierge*. Nous ne pouvons dire qu'une chose, c'est qu'il y est bien inférieur à lui-même. Les expressions des physionomies sont insignifiantes ; la Vierge a l'air complètement étrangère à la scène. Un petit enfant, à droite de la composition, est d'un dessin impossible. Quelques draperies sont bien étudiées,

Le n° 779, de M. Faivre Duffer, exempt, représente un *Ecce Homo*. Si l'on ôte à cette figure la couronne d'épines et le roseau, ce sera le portrait d'un monsieur quelconque.

M. J. Debaussy, exempt, expose n° 600 un *Prophète Isaïe* qui n'est aussi que le portrait d'un modèle fort barbu, et, de plus, vêtu d'une draperie rouge et vert couleur d'épinards.

M. Chassevent, n° 426, expose un tableau qui rompt cette monotonie de mauvaises peintures : *Marie sort du tombeau*. Cette composition est bien comprise au point de vue du sentiment religieux.

Voilà tout ce que l'école religieuse française a produit en l'an de grâce 1875. Si nous devions la juger d'après ce Salon, ce serait à désespérer de l'art religieux dans notre pays. Nous avons besoin de nous rappeler qu'il n'y a pas bien longtemps encore, H. Flandrin peignait les admirables fresques de Saint-Vincent-de Paul et de Saint-Germain-des-Prés ; Delacroix, sa chapelle des Saints-Anges à Saint-Sulpice, et que d'autres artistes encore vivants nous ont laissé des preuves de leur savoir-faire à Saint-Sulpice, à Sainte-Clotilde et à Saint-Roch. Sur quoi devons-nous donc faire peser la responsabilité d'une telle pénurie dans les productions de l'art religieux? Sur l'Ecole des beaux-arts, d'abord, et en second lieu, sur le jury de l'Exposition.

L'Ecole des beaux-arts, nous l'avons déjà dit, imprime une direction fausse à son enseignement. C'est une école d'art païen dans la capitale de la France catholique, et c'est le Gouvernement qui encourage et qui paie un tel enseignement! Notre grand art religieux des XIII° et XIV° siècles, la gloire de la France, est jugé indigne d'être enseigné dans notre Ecole nationale des beaux-arts, et, il n'y a pas longtemps encore, y était traité de barbare! Sans doute, l'art grec et l'art romain doivent trouver place dans le programme des cours, et les productions du ciseau grec servir de modèles à nos peintres et à nos sculpteurs; mais s'ensuit-il de là qu'on doive négliger l'étude de l'art ogival et de son admirable statuaire décorative, de ses peintures et de ses vitraux, merveilleuse synthèse qui ne s'est produite qu'à cette époque, et à la formation de laquelle toutes les branches de l'art concourent avec un élan si ardent et si égal, qu'il semble qu'un seul cerveau ait tout conçu et une seule main tout exécuté? N'est-il pas évident que l'étude de l'art chrétien développerait le sentiment chrétien chez les élèves de l'Ecole, et qu'ils ne peuvent le rencontrer dans l'étude exclusive de l'art païen qui leur est imposée?

Le jury vient achever une besogne si bien commencée. Au lieu de donner, dans la distribution de ses récompenses, la prééminence au grand art, il met tous les genres sur la même ligne; selon lui, la peinture amusante a droit aux médailles d'honneur, tout aussi bien qu'une grande page historique ou religieuse. N'avons-nous pas vu l'année dernière M. Gérôme se faire décerner la médaille d'honneur pour son *Rex Tibicen* et son *Eminence Grise?* Nous supposons que personne ne peut voir là autre chose que des tableaux amusants, et que M. Gérôme n'a pas eu la prétention de faire une page historique en petit. N'est ce pas assez, pour ce genre de tableaux, que d'avoir l'engouement du public bourgeois et blasé, qui couvre d'or ces mesquines productions, et faut-il que le jury y ajoute cette haute sanction ? N'est-ce pas dire aux artistes de délaisser la grande peinture pour se lancer dans ce genre si productif à tous égards ?

Le commerce n'achète pas les tableaux religieux, surtout les grandes toiles. Que nos artistes, en se livrant au grand art, trouvent donc une compensation au sacrifice qu'ils sont obligés de faire du côté pécuniaire dans l'importance des récompenses auxquelles les genres secondaires ne devront pas désormais prétendre, et nous avons la conviction que de grands efforts seront tentés et qu'ils ne seront pas infructueux. Notre peinture religieuse redeviendra ce qu'elle a été jadis, au temps des Poussin, des Lesueur et des Jouvenet, et plus récemment au temps des Ingres, Flandrin, Benouville et Delacroix.

Les Prix de Rome au Salon

A tout seigneur tout honneur; commençons par M. Cabanel. C'est notre peintre en renom, sur lequel, depuis de longues années, ont plu les éloges et les récompenses officielles. Prix de Rome en 1845, membre de l'Institut en 1863, officier de la Légion-d'Honneur depuis 1864, M. Cabanel a de plus reçu deux médailles d'honneur, une en 1865 et l'autre en 1867 (Exposition universelle). C'est une gloire tellement consacrée et qui paraît si incontestable, qu'il est téméraire de porter la main sur cette arche sainte, et qu'il semble voir tout l'Institut montrer spontanément les dents au sacrilége qui oserait y toucher. Depuis douze ans, en effet, M. Cabanel professe à l'Ecole des Beaux-Arts, où son influence est énorme; dans les jurys des expositions annuelles sa parole fait loi, et ses élèves ont toujours droit aux premières récompenses. Nous avons besoin d'oublier pour un moment tant de titres de gloire, si nous voulons critiquer ses œuvres en toute liberté de conscience et essayer de faire entendre une note juste, quoique discordante, dans ce concert d'éloges, dans cet hosannah qui ne cesse d'accompagner cet artiste depuis 1863 jusqu'aujourd'hui.

M. Cabanel est un peintre élégant et qui a toujours cherché les succès de *Salon;* hâtons-nous de dire qu'il les a presque toujours trouvés. Qui ne connaît de lui : la

Mort de Francesca de Rimini et de Paolo Malatesta, Aglaé et Boniface, sa *Vénus* et tant d'autres tableaux devant lesquels la foule s'est portée? Les suffrages publics ont consacré les hautes distinctions dont il a été accablé. Les trois tableaux que cet artiste a exposés cette année exciteront-ils la même admiration? Nous en doutons.

Le n° 336 est intitulé *Thamar...* « Alors » Thamar, ayant déchiré sa robe, s'en » alla tenant sa tête couverte des deux » mains, dans la maison de son frère Absa- » lom, où elle demeura séchant d'ennui et » de douleur. — Absalom conçut contre » Amnon une grande haine de ce qu'il avait » outragé sa sœur Thamar. »

A première vue, il nous semble assez difficile d'exprimer tout cela dans un seul tableau; l'action est multiple. L'artiste a choisi le moment où Thamar, tout en lar- mes, vient se jeter sur les genoux de son frère et lui demande protection. Absalom étend le bras d'un air de menace, pendant qu'une suivante nubienne, vue de dos, s'appuie sur la muraille à la droite de la composition. Absalom est bien conçu comme mouvement, mais sa bouche fermée ne laisse échapper aucune menace et ne répond pas au mouvement du bras et de la main, qui est bien dans le caractère du personnage; la tête reste froide; il y a là un contre-sens choquant. Thamar est trop dévêtue. Le texte dit : « ayant déchiré sa robe »; cela n'implique pas nécessai- rement qu'elle se soit dépouillée de tous ses vêtements jusqu'à la ceinture; mais la tradition de l'Ecole des Beaux-Arts est de faire du nu quand même ; M. Cabanel l'enseigne à ses élèves, il ne pouvait pas faire autrement que de donner l'exemple. Pourquoi Thamar est-elle si blanche, et a-t-elle le type européen, quand son frère est brun de peau et a le type arabe ? M. Cabanel vous répondra qu'il fallait bien créer un contraste entre les carnations de ces deux figures ; il enseigne cela aussi à ses élèves. Et la vérité, maître ? ne vaut-elle pas mieux que tous vos petits arrangements de convention ? Comment pourrez-vous nous faire croire que deux Hébreux soient de race différente ? Vous avez voulu faire un tableau historique, restez donc dans le vrai et enseignez aussi à vos élèves à le chercher. N'aviez-vous pas votre Nubienne ? Il est vrai que le tableau avait besoin au milieu d'une note plus claire, mais cela ne nous regarde pas. Nous le répétons : la peinture historique doit être vraie, et malgré les exemples d'anachronismes que nous donnent les grands maîtres anciens, nous avons le devoir, munis que nous sommes des renseignements archéologiques qu'ils n'avaient pas, de chercher à être vrais dans notre peinture historique.

Il y a de la lumière dans ce tableau, des parties bien dessinées, quoiqu'un peu molles ; mais les tons sont éclatants, et, si l'on se place à quelque distance du tableau, nuisent à l'effet général et absorbent l'attention aux dépens des figures. C'est une peinture mince et froide, à laquelle le luxe des couleurs ne saurait communiquer de chaleur

Le n° 337, du même artiste, représente une *Vénus*. Nous avons dit dans un de nos précédents feuilletons que cette peinture semblait trahir chez M. Cabanel une vieillesse prématurée de son pinceau. En examinant de plus près cette lourde Vénus à face commune, aux membres gorgés de lymphe et d'embonpoint, nous trouvons le mot au-dessous de la vérité.

Vénus est posée sur l'escalier d'un temple. Le fond du tableau est neigeux ; une longue et molle draperie rose anime un peu et d'une manière bien factice cette singulière composition. Vénus se détourne à demi pour donner à manger aux colombes qui traînaient son char, ce qui devait être pénible pour ces malheureux oiseaux, vu l'embonpoint de la déesse. Le dessin est mou, indécis, empâté ; les articulations ne sont pas à leur place. M. Cabanel devrait renier cette peinture.

Le n° 338 est le portrait de Mme la baronne de G... Il faut s'approcher de très près pour en distinguer les traits ; ils sont noyés dans une pénombre, et tout l'accessoire tue le principal. Or, il nous semble que dans un portrait ce devrait être le contraire, et tout doit être sacrifié à la tête et aux mains. Hâtons-nous de dire que les bras et les mains sont bien dessinés. En résumé, on ne voit pas l'original dans ce tableau, il n'y vit pas.

M. Cabanel a-t-il les qualités d'un chef d'école? Non, évidemment ; car, ce que nous venons de dire des trois tableaux qu'il expose cette année, trouverait son application dans toute son œuvre. Sa peinture a toujours été ce qu'elle est maintenant, mince, froide, prétentieuse, très cherchée, très châtiée même, mais sans aucune de ces qualités magistrales pouvant se transmettre à l'élève, qui ne trouve dans M. Cabanel que des défauts à exagérer.

Nous avons parlé assez longuement de la *Vierge avec l'Enfant Jésus et saint Jean*, de M. Bouguereau, pour qu'il ne soit pas nécessaire d'y revenir. Cet artiste expose en outre deux autres tableaux : *Une Baigneuse* et *Flore et Zéphire*.

La *Baigneuse* est naturellement une étude de femme nue, peinte dans ces tons marmoréens dont M. Bouguereau a le secret, secret qu'il transmet soigneusement à ses élèves. Comme dans sa *Vierge*, les lignes qui enveloppent les contours sont proprement tracées, mais le modelé est absent. Cela ne se *construit* pas. Le même reproche est à faire au tableau de *Flore et Zéphire*. Le tout est d'une froideur glaciale ; M. Bouguereau a eu beau mettre une draperie bleue à Zéphire et une draperie couleur groseille à Flore, cela n'a pas réchauffé sa peinture. Flore est couchée sur un plan incliné, Zéphire est debout, et cependant il peut, sans se baisser, poser ses lèvres sur le visage de Flore, au mépris des règles de la perspective. Que M. Bouguereau veuille bien confier son tableau à un perspecteur, et il verra si ce mouvement est possible ; la distance de deux têtes séparera celles de Flore et de Zéphire.

M. Jules Lefebvre nous présente une

Chloé, n° 1298 ; un *Rêve* et le *Portrait de Mme la princesse de C...*

La *Chloé* est une étude de jeune fille, nue, bien entendu, — un prix de Rome manquerait à ses devoirs s'il faisait autre chose que du nu, — très cherchée, très étudiée, et qui ne manque pas de finesse et de grâce. La physionomie ne répond peut-être pas à celle que l'on peut supposer à Chloé ; mais tout cela importe peu ; il fallait bien donner un nom à cette étude. L'épaule et le bras droits ne correspondent pas au modelé du reste du corps ; ils sont un peu maigres. Néanmoins, c'est une figure construite. Elle est placée dans un paysage bien froid et bien brumeux. Il faut la présence d'un laurier rose à la droite du tableau pour montrer que nous sommes en Grèce. Mais le laurier rose n'échauffe pas l'atmosphère, et Chloé doit avoir bien froid dans ce costume. Les tons de chair sont gris, « couleur Ecole des Beaux-Arts. »

Le *Rêve,* n° 1297, du même peintre, représente aussi une femme nue, naturellement. C'est la spécialité des prix de Rome, et particulièrement de M. Jules Lefebvre. Cette femme nue, ou ce rêve, se dissipe dans les vapeurs du matin. L'artiste s'est inspiré d'Ossian. Un nuage flotte au-dessus de l'eau ; dans ce nuage se trouve une figure mollement dessinée, aux contours ronds et en même temps trop précisés. Ce tableau ne manque pas de poésie ; mais le tout semble, à distance, un énorme savonnage dans lequel se jouent quelques tons irisés.

Le portrait de *Mme la princesse de C...,* n° 1299, est élégant. Mais le modelé de la tête est nul, les tons en sont uniformes et d'une couleur qui n'est pas vraie. La peinture de M. Lefebvre s'amincit tous les jours. Qu'il y prenne garde !

M. Maillart expose deux tableaux dits *classiques* et un portrait.

Le n° 1405 représente *Thétis armant Achille pour venger Patrocle.* Cette peinture est d'une coloration rougeâtre analogue à celle qu'a employée l'année dernière M. Bonnat dans son Christ destiné à une des salles de la Cour d'assises. Ces tons de chair rouges et nacrés en même temps présentent l'effet le plus désagréable qu'on puisse imaginer. Thétis est douée d'une physionomie inintelligente et semble penser à tout autre chose qu'à ce qu'elle fait. Achille a une pose très cherchée, très tourmentée et, somme toute, assez disgracieuse ; Patrocle est sacrifié à ces deux principales figures.

Le second tableau classique, n° 1406, porte ce titre : *Le héros demi-dieu et le poète dispensateur de l'immortalité.* C'est un bizarre arrangement : un héros assez mal bâti et ayant l'air de porter un maillot rembourré de coton, reçoit une couronne offerte par un poète assis au pied d'un autel. Derrière ce poète se tiennent quelques jeunes filles; dans le fond du tableau, à droite, un écuyer retient les chevaux du héros, et plusieurs personnages applaudissent. Ces derniers sont absolument grotesques, et tout ce fond est d'une insuffisance notoire. Seules

les jeunes filles présentent quelques études assez cherchées, quoique faibles de dessin. La couleur générale de cette composition classique est la couleur également classique de l'Ecole des Beaux-Arts, mais cette fois-ci dans les tons de brique.

M. Ulmann a peint une légende arabe sous ce titre : le *Remords*, n° 1905. « Vai- » nement, pour fuir le remords, Caïn por- » tait plus loin le cadavre de son frère. Un » jour, épuisé de fatigue, il tombe, im- » puissant à éloigner les oiseaux de proie » qui menacent le corps d'Abel. » Ce ta- bleau est le triomphe de la facture d'école sur la vérité. Tout y est convention. Les chairs sont en bois peint. La tonalité gé- nérale est fausse ; le dessin est tout *de chic ;* sans les titres antérieurement acquis de l'auteur, l'admission de ce tableau eût certainement été discutée. Le corps d'Abel est imité de Prudhon dans la Justice pour- suivant le crime. Triste imitation, il est vrai ! Pourtant il y avait un beau parti à tirer de cette donnée, une fois la légende arabe ac- ceptée.

M. Ferrier a envoyé de Rome un *Gany- mède* dont nous avons déjà dit quelques mots.

Est-ce là tout ce que la vue de tant de chefs-d'œuvre dans la Ville-Eternelle a ins- piré à ce jeune artiste, qui ne manque pourtant pas de talent ? Et là où le chris- tianisme a triomphé des vices païens, était- ce bien le moment et l'endroit à choisir pour peindre avec amour la figure qui sym- bolise le plus honteux de tous les vices ?

Quelle recherche, quelle science déployée pour un tel sujet ! L'Ecole des Beaux-Arts aurait dû refuser cet envoi. Mais cela est dans ses données ; c'est un sujet grec, partant classique, par conséquent c'est du grand art ! Nous l'appelons, nous, de l'art honteux, qui n'est d'aucune époque, et que tout homme ayant le sentiment du grand et du beau doit honnir. C'est Rembrandt qui se charge de faire la critique de cette légende honteuse du paganisme. Il a représenté ce sujet ; mais, chez lui, l'aigle enlève un affreux marmot en chemise, la figure contractée par les pleurs, et qui dans son épouvante laisse échapper autre chose que ses larmes. C'est tout ce que mérite un semblable sujet. Nous voudrions, pour la gloire de Michel-Ange, que ce dernier ne l'eût pas traité.

M. Luc-Olivier Merson expose deux tableaux : Un *Saint Michel vainqueur du démon*, dont nous avons déjà parlé et qui ne mérite certainement pas l'honneur qu'on lui fait de le reproduire en tapisserie des Gobelins, et le *Sacrifice à la Patrie*.

Sur un autel est couché, parallèlement à la base du tableau, le corps d'un jeune guerrier. A gauche de la composition une figure drapée élève le calice du sacrifice et soutient légèrement, de l'autre main, la mère du héros, à genoux, échevelée, et se renversant à demi dans son désespoir. A droite, une renommée, la tête ceinte de lauriers, souffle dans une trompette. Au centre de la composition un petit génie porte un cartouche avec cette inscription :

Bella matribus detestata. Sur le premier plan, des armes et des aigles brisées et un olivier renversé ; dans le fond, la colonnade d'un temple.

L'ordonnance de cette composition est grande et belle ; quelques parties ont une grande allure et sont très bien traitées ; d'autres étonnent par leur faiblesse. La mère est fort belle de mouvement ; la figure qui symbolise le sacrifice est aussi bien conçue ; mais si M. Merson mettait son tableau en perspective, il reconnaîtrait qu'il est impossible à cette figure, placée où elle est, de poser sa main gauche sur le coude de la mère du héros, ainsi qu'il le lui fait faire, sans que le bras auquel appartient cette main n'ait au moins deux mètres de long. Le petit génie qui porte le cartouche a du style et une allure *Michel-Angesque.* Le corps du guerrier est mou de dessin (c'est du reste le reproche général à faire à cet artiste). Le bras qui pend est dans une position qui ne pourrait être produite que par la volonté de son possesseur, et ce n'est pas le cas ici, puisqu'il s'agit d'un cadavre ; en suivant les lois de la pesanteur, il prendrait une direction complétement verticale. L'effet de cette ligne serait malheureux, et c'est ce qui a forcé sans doute l'artiste à dessiner ce bras dans un position invraisemblable. Quant à la figure de la Renommée, c'est un fouillis d'accessoires qui produit le plus fâcheux effet ; il y a là des ailes, des rubans, des banderoles, des écharpes, des draperies flottant sans raison apparente, et le tout présente un mélange tourmenté de style

allemand et de style italien du XVIe siècle.
Cette figure dépare le tableau, outre qu'il
semble assez ridicule, devant la douleur de
la mère, de voir cette Renommée embou-
cher sa trompette. En se taisant et respec-
tant cette douleur, elle eût été plus en situation.

La couleur générale de cette composition
est assez harmonieuse, quoique entièrement conventionnelle. Les tons de chair
sont terreux; c'est une couleur qu'on affectionne particulièrement à l'Ecole des
Beaux-Arts. Il y a des faiblesses de dessin,
notamment dans les jambes de la Renommée
et dans le torse du jeune héros, qui étonnent
et ne sont pas pardonnables. En résumé,
M. Merson est très inégal. Son talent ces-
sera-t-il d'osciller entre le bon et le mé-
diocre, quelquefois même le mauvais,
comme dans son *Saint Michel,* et prendra-t-il
une direction mieux raisonnée? Nous espérons le constater au prochain Salon.

Nous avons déjà parlé du *Salvator mundi*
de M. Monchablon, et dit ce que nous pen-
sions de cette grande et molle figure. Le
même artiste expose en outre deux portraits mieux dessinés, mais peints tous les
deux avec des tons faux qui font désespérer
de voir son coloris entrer jamais dans une
meilleure voie.

Le portrait de *M. Monchablon père,*
n° 1489, est bien cherché; la figure est vivante, la pose est très naturelle, et les vêtements modernes, que M. Monchablon a
franchement étudiés et peints tels qu'il les
voyait, sont fort réussis. Les mains sont

bien dans le caractère de la tête ; on voit que M. Monchablon a mis dans ce tableau tout son savoir, et n'était cette couleur triste et fausse de ton, ce serait un des meilleurs portraits du Salon. Nous n'en dirons pas autant du portrait de *M*^{me} *A. M*..., n° 1490, beaucoup moins étudié, et dont les chairs semblent être du bois peint.

M. Henner nous dédommage, par la franchise de sa touche et de son coloris, de la vue de ces tons faux et louches. Ses chairs se modèlent admirablement à distance ; le ton en est puissant et fin en même temps, et vous fait penser à Franz Hals. Comme ce maître, M. Henner procède par méplats et traite les grandes masses sans s'égarer dans des détails futiles. Son portrait de *M. Picard, avoué honoraire*, n° 1030, est un chef-d'œuvre de vie et de facture. Le corps se devine et s'accentue bien sous la robe noire, sagement et simplement drapée. La tête est parlante ; les chairs sont souples et fermes tout à la fois. Peut-être, en quelques endroits, manquent-elles un peu de transparence. Nous critiquerons aussi ces lignes noires que M. Henner a employées pour accentuer certaines parties, telles que la commissure des lèvres et un repli de la peau qui descend sur la paupière droite. Ces lignes-là n'existent pas dans la nature et se voient trop, même à distance raisonnable du tableau ; c'est une *ficelle*, que M. Henner nous permette ce mot, un peu trop apparente. Les mèches de cheveux sont traitées par grandes masses et très légèrement tout à la fois. Les mains de ce portrait sont

admirablement comprises comme mouvement, dessin et coloration.

Un second portrait du même artiste,
n° 1031, *Portrait de Mme H...*, est moins
poussé que le précédent et moins important aussi, mais présente les mêmes qualités de finesse et de vie.

Enfin, M. Henner nous fait admirer une
délicieuse esquisse, n° 1032, intitulée
Naïade. C'est éblouissant de fraîcheur et
de couleur, gracieux et captivant comme un
Corrége. Mais comme, dans toute l'exposition de M. Henner, les traditions de l'École
des Beaux-Arts sont loin, et combien nous
l'en félicitons sincèrement !

M. E. Lévy ne nous paraît pas être en
progrès cette année. Le *Portrait de Mme la
comtesse d'E. S.-L.*, n° 1366, est singulièrement peint. Il semble qu'il y ait de l'indé-
cision dans la main de l'artiste ; sa peinture
est cotonneuse, et on serait tenté de croire,
tant les tons se fondent ensemble sans
donner aucun méplat et fournir aucune
masse de modelé, qu'un maladroit aurait
effacé à moitié cette peinture avant qu'elle
ne fût sèche. La tapisserie qui fait le fond
de ce portrait attire trop l'attention, et les
aigrettes qui y sont représentées sont peintes de telle sorte que ces oiseaux paraissent
voler réellement autour de la tête de Mme
la comtesse d'E. S.-L.

Le Bateau-Idylle, n° 1356, du même artiste, et *le Ruisseau*, n° 1364, sont deux
fraîches compositions. Nous préférons de
beaucoup la seconde. Une jeune fille passe
un ruisseau sur un pont rustique, tout en

filant sa quenouille; elle se retourne à demi pour regarder sans doute les petits poissons qui suivent le fil de l'eau. Son mouvement est en même temps très vif, très joli et très naturel. La jeune fille est bien dessinée, bien comprise, et garde bien son caractère rustique, malgré le charme que M. Lévy a mis dans cette figure. Les pieds, qui sont bien ceux d'une jeune paysanne à laquelle le luxe des chaussures est inconnu, sont très finement dessinés.

Le bateau nous montre un jeune garçon passant une petite paysanne dans son bateau; sa compagne s'est endormie sur ses filets; à ses pieds sont des fleurs d'iris bleues. Le naturel manque dans cette composition. La jeune fille pose dans son sommeil, et le jeune pêcheur à des jambes d'une longueur démesurée.

M. E. Michel nous donne une *Fortune et le jeune enfant*. La Fortune est tout entière faite de chic. C'est une manière qu'on enseigne à l'Ecole des Beaux-Arts et dont M. Michel n'a pu encore se défaire. L'enfant seul est fort joli de mouvement et bien étudié. Quant à la couleur, c'est encore celle de l'Ecole.

Sa *Jeune fille des champs,* n° 1474, est aussi fausse de ton que d'expression ; le sentimentalisme que M. Michel a introduit dans cette figure ne concorde pas avec sa rusticité. Ses *Paysans romains sur les marches d'un couvent* sont assez bien dessinés. Mais ce tableau semble peint avec de la boue (toujours la tradition de l'Ecloe des Beaux-Arts), et ces paysans romains semblent transportés dans une ville du Nord par un jour de pluie.

M. Blanchard rachète dignement cette année son affreux *Hylas entraîné par les Nymphes*, de l'année dernière, auquel le jury a cependant jugé à propos, par un de ces calculs savants qui échappent aux intelligences bornées du vulgaire, a jugé à propos, disons nous, de décerner une première médaille. Il est vrai que M. Blanchard est élève de M. Cabanel. M. Blanchard a écarté cette année les traditions de l'Ecole qui lui avaient fait commettre son *Hylas*, s'est mis en face de la nature et a peint un fort beau portrait, celui de Mme de M., nº 217. Il y a dans cette peinture de la vie, de l'allure et de la distinction, une couleur simple et vraie et un bon arrangement.

Son second portrait, de M. O..., nº 218, est également bien peint. Nous aimons moins le nº 219, *Cortigiana*, dans lequel l'imitation des anciens maîtres vénitiens est trop visible. Ce tableau, à une certaine distance, a l'aspect d'une vieille peinture, et cet effet ne peut jamais se produire qu'aux dépens de la vérité.

La peinture de M. Hébert se décompose de jour en jour et prend un aspect de plus en plus cadavérique. Le nº 1022, *portrait de Mlle M. L. P.*, est conçu dans un ton général verdâtre des plus désobligeants pour l'original; de plus, il n'est que très insuffisamment dessiné; le corps n'a aucun modelé, et une épaule semble plus forte que l'autre. Le nº 1023, portrait d'enfant, est peint avec un procédé fort singulier; une foule de tons disparates sont juxtaposés ou se recouvrent à demi, et donnent à cette peinture un aspect rugueux et sale qui n'est certes pas celui de la nature.

Un autre portrait d'enfant, n° 1021, est beaucoup plus étudié et mieux réussi, sans pourtant sortir de cette tonalité verdâtre si désagréable.

M. Boulanger expose un charmant tableau d'intérieur pompéien, intitulé le *Gynécée*, n° 275. Une mère, assise et entourée d'esclaves blanches et de nubiennes, sourit aux jeux de ses trois enfants, dont le plus petit dirige un bateau sur l'eau d'un bassin. Les attitudes de ces trois enfants sont charmantes, très vraies et finement dessinées. Dans le fond du tableau s'avance le chef de la famille, grave et tenant ses tablettes à la main. Il revient du Forum, sans doute; un grand lévrier va à sa rencontre. Il y a beaucoup de charme et un grand sentiment de vérité dans cette composition.

M. Elie Delaunay expose trois portraits. Le plus important, n° 620, *Portrait de Mme T...*, est bien dessiné; mais le ton bleu du fond, sur lequel se détachent la tête, les épaules et la robe de satin jaune, rend les chairs livides. Ce portrait gagnerait singulièrement à avoir un autre fond.

Le n° 621, portait de *Mme Galli-Marié*, est d'un joli sentiment, quoique au-dessous de l'expression du modèle. Son arrangement fait paraître la tête trop forte.

Le portrait de *M. D...*, n° 622, est peint

avec rudesse; la tendance de M. Delaunay à faire les chairs brunes, terreuses même, s'accentue davantage dans ce portrait. Malgré ce défaut, il est bien vivant.

M. Machard a peint un grand portrait en pied de *Mlle Rosine Bloch*. La robe à traîne en velours rouge, la draperie verte qui fait le fond, la chaise posée à gauche, qui donne une autre note rouge, nous ont tellement ébloui, que nous avons eu peine à distinguer la tête et les épaules de la charmante cantatrice. M. Machard paraît croire que pour être coloriste, il faut employer les couleurs les plus éclatantes. La traîne de la robe se reflète-t-elle dans le marbre ou a-t-elle déteint? Nous n'avons pas pu nous en rendre compte.

M. Giacomotti a envoyé au Salon deux portraits de jeunes femmes et un petit Christ en croix.

Le n° 907, *Portrait de Mme G. Z...*, est dur de modelé et de ton. M. Giacomotti a une couleur opaque qui fait ressembler ses chairs à du plâtre peint en rose. La main droite est d'un dessin malheureux et les noirs de la robe sont très lourds.

Les mêmes observations sont à faire en ce qui concerne le portrait n° 908, dont la pose est très raide.

Le *Calvaire*, n° 906, est finement peint. Mais M. Giacomotti a fait du Christ un athlète. De plus, le Christ est déjà mort, et il n'y a pas trace d'affaissement dans son corps, non plus que de souffrance; il repose gracieusement sur la croix. Ce Christ-là, certes, n'arrachera de larmes à personne,

Nous avons déjà parlé du *Christ au tombeau*, de M. Sellier. Cet artiste expose aussi un tableau d'intérieur intitulé : le *Retour du Frère quêteur*, n° 1839. Dans le cellier d'un couvent, un moine vient de déposer le produit de sa quête, qui a été fructueuse. Les provisions de bouche sont abondantes et sont déposées pêle-mêle sur le sol. Des arbres placés au dehors envoient par les fenêtres des reflets d'un vert intense qui n'est pas très heureux. Il semble que les murs soient couverts d'une mousse verdâtre ; nous croyons que ce n'est pas là l'effet qu'a voulu rendre le peintre.

M. Clément a exposé deux tableaux : un *Enfant dessinant la silhouette de son âne*, n° 462, et une *Fellah jouant du tambourin*, n° 463. Ces deux tableaux sont d'une telle faiblesse qu'ils sont au-dessous de toute critique. Un élève de première année pourrait en faire autant. Il n'y a absolument rien dans cette peinture qu'une certaine facture banale d'école qui est la négation de tout talent.

Des trois paysages que M. A. Benouville a exposés au Salon, un, le n° 155, *Dans les bois*, nous semble très supérieur aux deux autres. Ce tableau est bien peint, quoique dans des tons un peu froids et conventionnels, mais qui ne manquent pas d'une harmonie relative ; le site est fort heureusement choisi. Le n° 156, *les Bords de la Nive* (Basses-Pyrénées), est vrai d'aspect ; on sent bien là l'atmosphère des montagnes. L'eau a la transparence de celle des *gaves*. Quant au n° 157, du même artiste, *Sentier dans les dunes de Kraanljelek* (Pays-Bas), on se reporte involontairement aux tableaux de Ruysdaël et de Van Goyen, si fins de ton, si chauds de coloration et si largement peints ! Malheureusement pour M. A. Benouville, ses tons neutres et la sécheresse de sa touche ne peuvent supporter la comparaison.

M. Jules Didier expose un *Pâturage des environs de Dieppe*, n° 677, assez bien conçu comme ton et disposition des bestiaux qui l'animent, mais que nous apprécions moins que ses deux autres tableaux. *Le Tibre près de son embouchure*, n° 675. Ce sont bien là les eaux bourbeuses du fleuve; les bœufs qui sont sur la gauche du tableau sont très beaux d'allure et bien dessinés. Nous pouvons reprocher un peu de lourdeur dans les tons de la terre et des nuages. Le n° 676, *Bœufs romains*, nous fait admirer de grands bœufs blancs que leur conducteur, à cheval, comme c'est l'usage dans la campagne de Rome, a conduits à l'abreuvoir. M. J. Didier a dessiné magistralement ces magnifiques animaux ; il y a de la chaleur et de la transparence dans l'atmosphère qui enveloppe cette scène; la couleur locale y est exactement rendue; c'est un tableau des mieux réussis.

Terminons enfin cette revue de l'exposition des prix de Rome en citant deux petits tableaux de M. Prieur, n°s 1677 et 1678 : *Ruines des aqueducs de Claude dans la campagne de Rome*, et *Environs de Fréjus (Var) après la moisson*. Ces deux tableaux sont aussi au-dessous de toute critique et prouvent une fois de plus que ce serait un réel service à rendre aux artistes, de refuser les tableaux indignes d'être exposés, qu'ils soient hors concours ou non.

Cette institution des prix de Rome donne-t-elle les résultats qu'on serait en droit d'en attendre? Evidemment non. Parmi tous les prix de Rome que nous venons de passer en revue, avons-nous trouvé, à l'exception de M. Henner, un seul talent réellement fort et original? Et si M. Henner a acquis cette force et cette originalité, n'est-ce pas précisément parce qu'il a rompu complétement avec les traditions de l'école de Rome? Si M. Blanchard a peint un beau portrait, n'est-ce pas aussi parce qu'il a oublié un instant la facture qu'on lui a enseignée, et dont son *Hylas* de l'année dernière est un échantillon? Mais pour un qui se sauve, dix succombent.

Les écoles des Beaux-Arts et de Rome ne lâchent pas facilement leur proie, et il faut, bon gré malgré, que tous les élèves y perdent l'originalité qu'ils auraient pu avoir, s'ils avaient échappé à cet enseignement à la fois despotique et amollissant.

Est-on bien sûr d'abord que Rome soit précisément la ville d'Italie offrant le plus de ressources pour les études des jeunes artistes? Nous croyons, nous, que Florence vaudrait infiniment mieux comme résidence habituelle. Sans doute il y a des études à faire à Rome, mais le grand art du XVe siècle est bien plutôt en Toscane. Et pourquoi ne laisserait-on pas à chacun le droit de choisir la ville qui lui convient le mieux, Rome, Florence ou Venise ? Est-ce que tous les tempéraments sont égaux ? Pourquoi forcez-vous un coloriste à séjourner à Rome plutôt qu'à Venise ? Plutôt qu'à Amsterdam même, si son tempérament le porte vers les Hollandais ? Plutôt qu'à Madrid, s'il veut étudier les Velasquez et les Murillo ? Ne serait-il pas beaucoup plus sage de donner une subvention annuelle à ces artistes et de les laisser choisir leur résidence ? C'est là le problème que le Prix annuel du Salon, si cette institution peut durer quelque temps, se chargera de résoudre. Nous sommes convaincus qu'elle donnera, avec le temps, des résultats très supérieurs à cette vieille école de Rome qui, à l'instar de la plupart des anciennes institutions françaises, a besoin d'être complètement remaniée. L'Ecole des beaux-arts d'abord ! L'Ecole de Rome ensuite ! En voilà plus qu'il ne faut pour détruire chez l'artiste le mieux doué les dispositions les plus heureuses qu'ait pu lui donner la nature.

M. Lehoux, prix du Salon de 1874, a exposé cette année, comme premier envoi, un *Samson rompant ses liens*, n° 1315. Un reste d'éducation de l'Ecole des Beaux-Arts ne lui a fait voir dans ce sujet qu'un prétexte à faire du nu et à dessiner des personnages dans des positions forcées. Ce reste d'éducation le conduit de plus à admirer avant tout les produits de la renaissance païenne de la fin du XV siècle, au lieu de chercher à se pénétrer du grand art religieux de cette époque. Luca Signorelli et Pollajuolo l'ont séduit tout d'abord, et leur naturalisme exagéré a déteint sur lui. La pose de son Samson est toute *Signorellesque*, s'il est permis de s'exprimer ainsi. Évidemment, M. Lehoux pouvait plus mal choisir, et s'il avait donné une autre expression de tête à son Samson, et renoncé à cette fâcheuse idée de le faire jongler avec des Philistins, celui-ci serait bien l'homme fort de la Bible. Le malheur est que M. Lehoux veut lui-même jongler avec les difficultés à l'instar de son Samson, et qu'il a, pour prouver qu'il sait dessiner les raccourcis, donné des poses impossibles à ses figures. La figure du Philistin qui a été précipité au bas de l'escalier sur lequel se tient Samson (pourquoi cette scène se passe-t-elle sur un escalier?) est une preuve de cette recherche de mauvais goût. Cette figure est péniblement contournée; un homme lancé comme ce Philistin vient de l'être, ne peut pas rester dans cette position ; la jambe posée sur la marche supérieure ne peut y être maintenue que par un effort de volonté, et l'homme est évanoui. En résumé, pour faire montre de son talent de dessinateur, M. Lehoux a sacrifié le texte de l'Ecriture. C'est là, nous le répétons, un reste de mauvaise éducation, et nous espérons qu'au prochain Salon, M. Lehoux sera complètement affranchi de ces fâcheuses traditions.

M. G. Becker, n° 125 : *Respha protége les corps de ses fils contre les oiseaux de proie.*

« Du temps de David, il y eut une famine
» qui dura trois ans. David consulta l'ora-
» cle du Seigneur, et le Seigneur lui ré-
» pondit que cette famine était arrivée à
» cause de Saül et de sa maison, qui était
» une maison de sang, parce qu'il avait
» tué les Gabaonites. — David dit aux Ga-
» baonites : Que puis-je faire pour réparer
» l'injure que vous avez reçue ? — Ils lui
» répondirent : Qu'on nous donne au moins
» sept des enfants de Saül, afin que nous
» les mettions en croix pour satisfaire le
» Seigneur. David prit les deux fils de Res-
» pha, fille d'Aïa, qu'elle avait eus de Saül,
» et cinq fils que Merab, fille de Saül, avait
» eus d'Hadriel, et les mit entre les mains
» des Gabaonites, qui les crucifièrent... Res-
» pha, vêtue d'un sac, demeura là étendue
» sur la pierre depuis le commencement de
» la moisson jusqu'à ce que l'eau du ciel
» tombât sur eux, et elle empêcha les oi-
» seaux de déchirer leurs corps pendant le
» jour et écarta les bêtes féroces pendant la
» nuit. »

(Ancien Testament. *Les Rois*, liv. 2,
chap. XXI, v. 1 à 10.)

Ce tableau est certainement le plus robuste du Salon, et M. Becker y fait preuve
d'un grand talent de dessinateur. Respha,
qui chasse un vautour à coups de bâton, est
belle de vigueur et de mouvement ; sa race,
aussi bien que celle des sept jeunes crucifiés, est parfaitement indiquée dans les
types qu'a choisis le peintre. M. Cabanel
aurait pu prendre modèle là-dessus pour
son tableau de *Thamar*. Malheureusement

encore, et toujours par suite de l'éducation fausse de l'Ecole des Beaux-Arts, M. Becker a sacrifié le texte de la Bible à quelques exigences d'arrangement et de couleur. Il est dit : « ..... Respha demeura là depuis le » commencement de la moisson jusqu'à ce » que l'eau du ciel tombât sur eux..... » Les nuages noirs que l'artiste a peints dans son tableau, et dont il a dû forcer la note pour faire se détacher en clair les corps des suppliciés, indiquent le commencement des pluies, et cependant Respha, qui est restée là jour et nuit, « vêtue d'un sac, » porte, dans le tableau de M. Becker, de magnifiques vêtements, d'une fraîcheur et d'un éclat tels qu'elle semble sortir de son palais. Sa figure ne garde aucune trace des douleurs physiques et morales qu'elle a dû supporter pendant cette longue et funèbre station. Nous préférons le texte de la Bible à la traduction de M. Becker, et quelque talent qu'il ait mis dans la figure de Respha, nous avons peine à trouver dans cette robuste beauté juive, superbement vêtue, la mère qui est restée de longs mois portant un sac, dit l'Ecriture, et couchée sur la pierre, exposée à un soleil dévorant, et ne songeant qu'à défendre les cadavres de ses fils.

Par contre, nous n'avons que des éloges à donner à la manière dont M. Becker a disposé et dessiné ses sept crucifiés. Il possède parfaitement l'anatomie du corps de l'homme, et son dessin est serré et précis. De plus, il a su trouver une variété de types tout à fait remarquable dans ces sept individus de même race. La couleur de M. Becker est un peu terreuse. Les chairs de sa Respha ne diffèrent pas assez sensiblement de celles des cadavres. De plus, cette masse de nuages noirs semble toucher les crucifiés ; elle est d'une lourdeur fâcheuse pour l'effet général du tableau.

En résumé, s'il y a dans cette gigantesque toile une faute grave, au point de vue de la composition, qui ne rend pas exactement le texte de la Bible, et quelque inexpérience dans la facture, il s'y trouve aussi de grandes et vigoureuses qualités, qui nous font espérer un brillant avenir pour M. Becker.

M. L. Baader, n° 62, expose une vaste composition dont le sujet n'apparaît pas du premier coup très distinctement. Il y a mis beaucoup de talent et de recherche. Malheureusement, son dessin est naturellement mou et sa couleur froide, et ces grandes proportions ne font valoir ni l'une ni l'autre. Cette composition est intitulée le *Remords*.

Un homme et une femme gisent assassinés ; le meurtrier, enchaîné par un pied à celui de la femme, est assis sur une pierre et contemple son œuvre avec épouvante. Les anges vengeurs lui montrent ses victimes. Ce groupe d'anges est heureux comme ligne et cette partie du tableau est bonne. Malheureusement, l'abondance des couleurs ne suffit pas pour être coloriste, et les tons crus des draperies vertes, rouges, violettes, blanches et brunes ne réchauffent pas cette composition. On songe à Prudhon, qui a traité un sujet analogue avec une telle supériorité, qu'il est bien difficile à un peintre, quelque talent qu'il ait, de ne pas perdre à la comparaison.

Pour faire diversion à ce sujet lugubre, M. Mazerolle nous montre deux grandes compositions mythologiques : nº 1444, *Minerve et Neptune se disputent l'honneur de nommer la ville d'Athènes, et le* nº 1445, *Vulcain donne à Vénus les armes qu'il a forgées pour Enée.* L'Olympe de l'*Orphée aux Enfers*, du théâtre de la Gaîté, hante évidemment le cerveau de M. Mazerolle. Ce n'est que là qu'il a pu prendre les types de ces dieux et déesses de coulisses, qui sont de plus pauvrement dessinés et encore plus maigrement peints. C'est une imitation malheureuse de Lemoyne, et ces peintures ne vous laissent d'autre impression que le profond ennui qu'on a eu à les regarder.

Le nº 1446, du même artiste, *La Pâtisserie*, modèle d'une tapisserie exécutée aux Gobelins pour le salon du glacier du nouvel Opéra, est infiniment mieux réussi. Cette gaie et robuste jeune fille, coiffée crânement du bonnet blanc des pâtissiers, est très amusante et d'un aspect bien décoratif. Les accessoires qui accompagnent cette figure sont aussi fort bien traités.

M. Cormon expose un sujet dont personne n'a jamais entendu parler, la *Mort de Ravana*, nº 514. « La favorite et les au- » tres épouses du roi de Lauka trouvent » son corps sur le champ de bataille.»(Valmiki, le *Ramayana.*) Cela est sans doute palpitant d'intérêt, mais nous laisse parfaitement froid. M. Cormon a beaucoup de talent, mais c'est un talent d'imitation, et la *Mort de Ravana* n'est autre qu'un pastiche du *Massacre de Scio*, de Delacroix, avec beaucoup de qualités en moins. Il y a cependant des parties bien traitées dans ce tableau; le roi de Lauka est bien étudié et présente un beau morceau de peinture. Sa tête a une ressemblance frappante avec celle de la vieille femme grecque du *Massacre de Scio*. On pourrait encore trouver dans ce tableau maints exemples d'analogie entre cette composition et celle de Delacroix, mais nous n'avons nulle envie de le faire, de crainte de nous arrêter trop longtemps devant ce tableau peu intéressant, et nous nous contenterons de dire que la *Mort de Ravana* n'existerait pas si le *Massacre de Scio* ne l'avait précédé. Les pastiches nous semblent peu dignes d'intérêt.

Le nº 515, du même artiste, une *Javanaise*, est une étude bien peinte. Il y a là de la couleur vraie; le type est bien compris.

Le nº 516, *Portrait d'enfant*, n'est plus dans les mêmes données de procédé que les deux autres tableaux. Le fond est d'un rouge groseille trop éclatant; le modelé de la tête est assez fin, mais les empâtements ne sont pas toujours à leur place, et les transparences manquent aux yeux et au-dessous des yeux.

Le tableau de *Pyrame et Thisbé*, nº 629, de M. Delobbe, est une charmante composition. « ..... Soudain, elle aperçoit sur

4

la terre un corps palpitant... Puis, imprimant des baisers sur son front glacé : « Pyrame, s'écrie-t-elle, quel malheur t'a ravi à ma tendresse? Pyrame, réponds-moi!... cher ami, c'est Thisbé qui t'appelle... » (Ovide, *Métamorphoses*, liv. IV.)

La scène est mouvementée, dramatique et bien rendue, sans que la note soit forcée. L'angoisse se lit bien sur le visage de Thisbé et apparaît dans toute sa pose. Pyrame est aussi fort bien dessiné. Le ton général de ce tableau est celui d'une grisaille. M. Delobbe n'est pas coloriste, et cependant il a des finesses et des transparences de ton charmantes. Son tableau représente certainement la plus jolie composition du Salon.

Le n° 631, du même peintre, *Une fille des champs*, est une petite étude très fine de pose et de dessin, mais dont la couleur n'est pas très heureuse. Les tons de chair de la jeune paysanne sont un peu trop foncés.

M. Delobbe expose encore un bon *Portrait de Mme de la G...*, n° 630. La tête est très fine de modelé, malheureusement elle ne se détache pas du fond, dans lequel elle semble noyée.

M. Courtat nous donne cette année l'inévitable *Léda*, n° 538. Ce sujet n'a presque pas été traité, comme chacun sait ; il exige beaucoup d'invention, et est toujours palpitant d'intérêt... pour tout ce qui touche à l'École des beaux-arts. La *Léda* de M. Courtat n'est ni moins bien, ni mieux couchée sur l'herbe que toutes les autres *Léda*.

Sa tête est tout aussi insignifiante que toutes les têtes de *Léda* sorties de la manufacture de l'Ecole des beaux-arts ; quant au cygne, il a été évidemment fait d'après un cygne empaillé. Le dessin général de la *Léda* est assez à sa place. L'empâtement est bon, et le modèle qui a fourni cette pose n'était pas laid. Maintenant, si le public et le jury voient de l'art dans tout cela, libre à eux. Quant à nous, nous avouons en toute humilité que nous n'y voyons qu'une *machine* d'atelier, et voilà tout.

Pour nous remettre de la vue de cette fadeur, regardons le tableau de M. Léon Glaize, n° 942 : *Une conjuration aux premiers de Rome*. « Après la chute des Tarquins, quelques jeunes gens des meilleures familles de Rome entrèrent dans une conspiration pour ramener les rois proscrits. Pour se lier par un serment fort et terrible, les conjurés burent le sang d'un homme qu'ils avaient immolé, et ils posèrent les mains sur ses entrailles. Ils s'étaient réunis pour cela dans la maison des Aquilius, maison solitaire, obscure. Mais ils ne s'aperçurent point qu'un esclave nommé Vindicius y était caché...! (Plutarque, *Vie de Publicola*.)

Franchement, et malgré tout le talent que nous reconnaissons à M. L. Glaize, nous préférerions avoir devant les yeux autre chose que cette scène de cannibalisme; il y a certaines choses malpropres qu'il n'est pas besoin de reproduire en peinture ou en sculpture. Ce malheureux que ces jeunes Romains viennent d'immoler (style noble), ou plus simplement de saigner, nous fait penser à l'affaire Fualdès. Ses bourreaux étendent la main sur ses entrailles. M. Glaize n'a pas osé nous les montrer ; c'eût été le comble de l'horrible. Supposez dans une même salle la *Respha* de M. Becker, la *Conjuration* de M. Glaize, la *Mort de Sénèque* de M. Sylvestre, ajoutez-y les *Têtes coupées* de M. Clairin, du Salon de 1874, et au bout de peu de temps vous verrez la majorité des visiteurs prendre la fuite, ne pouvant supporter la vue de tant de cadavres, d'hommes égorgés, de têtes coupées, etc.... Messieurs les artistes veulent attirer l'attention à tout prix, et dans ce but tirent des coups de pistolet. Tout cela est de l'art horrible et non pas du grand art. Ces réserves faites, nous ne pouvons qu'admirer les solides qualités de facture et de dessin, de composition même, qui se trouvent dans *la Conjuration* de M. Glaize. Son clair obscur est bien ménagé ; ses expressions de physionomies sont vraies ; seul, le jeune Romain qui se tient à gauche de la composition est exagéré dans son mouvement. En résumé, ce n'est pas là une œuvre indifférente, et avec le tableau de M. Becker elle fait honneur à M. Gérôme, qui est le maître de ces deux artistes.

M. Sylvestre expose la *Mort de Sénèque.* Il y a dans ce tableau des qualités indiscutables à côté de redites et de trivialités. Le Sénèque, dont la tête est la copie du buste si connu de cet écrivain, présente une fort belle étude de vieillard nu. Mais

là encore, et toujours d'après l'enseignement de M. Cabanel, la vraisemblance a
été sacrifiée au désir de l'artiste de faire
montre de son talent. Sénèque s'est fait
ouvrir les veines dans un bain, et non pas
en dehors d'un bain; pourquoi donc, contre toute raison, l'avoir posé debout et
adossé à la baignoire, les veines déjà ou-
vertes et maculant de sang les draperies
des disciples qui le soutiennent? Parmi ces
derniers, un d'eux, vêtu d'une robe violette
invraisemblable, se renverse en arrière
d'une manière assez grotesque, en ap-
puyant sa tête sur le bras de Sénèque, et
semble lui ausculter le coude avec le plus
grand soin. Tout à fait à droite, un soldat
romain, d'une raideur toute militaire et
coiffé du casque classique de l'école de
David, semble un épouvantail à moineaux
oublié dans ce coin. A gauche, un homme
vêtu de jaune, assis, écrit les dernières paroles de Sénèque. Cette figure est une réminiscence de l'école espagnole. Dans le
fond du tableau, on voit entraîner une
femme. Près de la tête de Sénèque, deux
physionomies d'hommes expressives et
justes de mouvement. La coloration de
cette composition est outrée, toujours suivant les procédés de M. Cabanel, qui enseigne à ses élèves à juxtaposer les tons
les plus éclatants, croyant ainsi en faire
des coloristes. En dehors de ces défauts
d'école, il y a de la vigueur chez M. Sylvestre, dont le tempérament finira par
triompher des mauvais principes qu'on lui
a enseignés dans l'atelier de M. Cabanel.

4.

Nous avons omis, dans notre feuilleton :
« *La Peinture religieuse au Salon,* » de parler du *Jésus descendu de la croix,* de M. Weertz, n° 1989. C'est un tableau fort étudié et qui ne manque pas de sentiment religieux. Le mouvement de la Vierge, à genoux, qui se penche en avant pour soutenir la tête de son divin Fils et en contempler les traits, est bien rendu. La douleur se lit bien sur son visage. Le modelé du corps du Christ est très serré et a de la distinction. La tête est belle. Nous aimons beaucoup moins la Madeleine, placée en arrière du groupe formé par la Vierge et le Christ, et se tordant les bras avec désespoir. Elle semble être une toute jeune fille de quinze ans, et n'a rien de la pécheresse repentie. Cette figure dépare le tableau et ôte à l'ensemble de cette composition l'aspect sévère et religieux que les deux premières figures portent en elles. De plus, les notes trop vives de certaines draperies tirent l'œil d'une façon désagréable et font ressembler ce tableau à une vaste enluminure. Malgré ces défauts, il serait injuste de ne pas reconnaître un mérite réel à M. Weertz, qui n'a pas dit, nous l'espérons, son dernier mot.

M. Puvis de Chavannes a peint et exposé cette année la composition dont nous avions vu le carton l'année dernière. — *Retirée au couvent de Sainte-Croix, Radégonde donne asile aux poètes et protége les lettres contre la barbarie du temps, VIe siècle.* — Cette peinture, qui a tout à fait l'aspect d'une peinture murale, est destinée à l'escalier de l'hôtel-de-ville de Poitiers.

On peut ne pas aimer la peinture de M. Puvis de Chavannes, qui n'a du reste aucunement la prétention d'être un coloriste, mais on ne saurait lui contester une grande élévation de style et une grande distinction dans les types de ses personnages. Dans la composition qui nous occupe en ce moment, il règne une sérénité, une poésie douce et tranquille qui repose des nullités ou des violences de l'école moderne. M. Puvis de Chavannes est un maître du XIV° siècle qui s'est attardé parmi nous. Rien n'est plus charment que cet intérieur de couvent. Dans le fond, une file de nonnes se rendant à un office, semble glisser sans bruit sur les dalles du cloître. Deux religieuses, dans la cour, puisent de l'eau; sur le premier plan, sainte Radégonde assise et entourée de quelques-unes de ses compagnes, écoute un jeune poète gallo-romain qui récite une poésie. Derrière celui-ci, et magnifiquement vêtu, se tient un poète byzantin qui n'est autre que Théophile Gauthier. Un peu en arrière, et debout, un personnage drapé qui est le portrait du peintre lui-même. On revient souvent devant cette toile, sans ennui et toujours charmé.

L'autre tableau, n° 1689, de M. Puvis de Chavannes, représente une *Famille de Pêcheurs*. Famille primitive de l'âge d'or. Le père étend ses filets dans le fond; à gauche, la mère retient par une ceinture un petit enfant qui joue avec des coquillages; à droite l'aïeul est endormi. L'artiste a un peu moins poussé ce tableau que le premier; quelques parties sont défectueuses comme dessin. Le vieillard endormi est une très belle création. Cette composition fait aussi rêver; M. Puvis est éminemment poète.

Nous quittons les hauteurs sereines et tranquilles où se complaît M. Puvis de Chavannes, pour retomber dans la poésie très peu immatérielle en honneur à l'Ecole des beaux-arts. M. Perrault nous montre la *Baigneuse,* de Victor Hugo, n° 1618 :

> « Mais Sarah la nonchalante
> Est bien lente
> A finir ses doux ébats;
> Toujours elle se balance
> En silence. »
>
> (V. Hugo.)

L'ensemble du tableau est bien compris. Malheureusement les défauts sont tels qu'on se détourne bien vite. C'est une réédition des procédés de peinture de M. Bouguereau. Les chairs sont en marbre gris couleur de poussière, peint en rose en quelques endroits, le tout parfaitement poncé et poli, et d'une propreté admirable.

Le n° 1619, du même artiste, est intitulé « *Un petit sou.* » Une petite fille, appuyée à un coin de mur, demande l'aumône. Le mouvement est très naturel et bien saisi; c'est là une fort jolie étude, à laquelle on peut cependant reprocher l'insuffisance du modelé de la tête.

Le n° 162, *Portrait d'enfant,* porte en

lui tous les défauts de procédé des élèves de M. Bouguereau. Les chairs sont plus que jamais en marbre peint ; le col est absolument en fer-blanc.

M. Parrot expose aussi une femme nue. Cette fois-ci, c'est *une Source*, n° 1592. Nous sommes grand admirateur de la Source de Ingres, qui réunit à une si grande perfection de dessin un charme si exquis et une idéalisation si pure et si élevée ! Il suffit de songer à cette délicieuse figure pour faire la critique de la *Source* de M. Parrot. Celle-ci est tout simplement un modèle qui n'a rien de virginal, et dont on rencontre le type à chaque instant sur les boulevards. La tête n'a aucun modelé. Les chairs semblent être en carton-pâte. Le dessin est incomplet et tout de chic. Cette nymphe malencontreuse est placée dans une sorte de grotte de pétrification ; le tout a un aspect glacial et donne le frisson.

Le même artiste a fait le portrait en pied de *Mlle Sarah Bernhardt*, n° 1593, à laquelle il a donné un aspect lamentable qui ne nous rappelle en rien la charmante artiste.

M. L. Priou, dont nous avons déjà décrit dans le feuilleton relatif à la peinture religieuse, le tableau intitulé : *Derniers moments de saint Jean-Baptiste*, expose aussi, sous le n° 1682, un autre tableau intitulé : *Jeux de l'Amour*. Son *Amour* est peu à craindre, car il à l'air d'une petite momie, et la jeune femme, qu'il est censé lutiner, paraît s'endormir. Le tout est aussi faible de dessin que de couleur. M. Priou justifie de moins en moins la 1re médaille dont l'a gratifié si étrangement l'année dernière un jury complaisant.

M. Picou n'est pas en progrès; son *Galilée*, n° 1639, « *e pur si muove* » n'est qu'une grande enluminure; il faut en dire autant, hélas! de ses deux autres tableaux *Andromède* et *Castor et Pollux*, n°ˢ 1640 et 1641. Tout cela est du carton peint, avec les tons les plus crus qu'on puisse imaginer.

M. Matout, n° 1439, est, fort heureusement pour lui, hors concours; sans cela son tableau du *Mariage de Bacchus et d'Ariadne* eût été certainement refusé. Il est impossible d'imaginer rien de plus faible à tous les points de vue, et aussi rien de plus attristant. Décidément, l'admission de droit est le plus déplorable de tous les systèmes. Il n'est pas croyable que M. Matout ne puisse faire mieux, et il n'y a que l'impunité qui puisse fermer ainsi les yeux à un artiste sur la valeur de son œuvre. L'Exposition est réellement gâtée par l'énorme quantité de mauvais tableaux qui portent la mention hors concours, ou celle d'exempt. Nous espérons que le nouveau conseil supérieur des beaux-arts prendra quelque mesure énergique à cet égard. L'exclusion de tout mauvais tableau de l'Exposition est une chose juste et qui ne doit être entravée par aucune considération.

M. J.-P. Laurens expose cette année, n° 1250, l'*Excommunication de Robert-le-Pieux*. « Le roi de France Robert épousa sa parente; les époux furent excommuniés pour ce crime par les évêques. » Ce tableau, à notre avis, ne rend pas la sombre majesté de la scène. Le peintre a voulu représenter le vide qui se fait instantanément autour du Roi et de la Reine aussitôt la terrible formule d'anathème prononcée. Il n'a réussi qu'à faire le vide sur sa toile. L'évêque, précédé de ses diacres, s'en va fort tranquillement et comme s'il venait d'accomplir une cérémonie ordinaire. Le Roi semble contempler avec épouvante le cierge renversé. La Reine seule fait comprendre la situation. Elle sent que tout s'écroule autour d'elle et fait partager cette impression au spectateur, par le mouvement plein de vérité et d'effroi avec lequel elle se réfugie dans les bras du Roi. Celui-ci manque par trop de distinction; son costume donne une note trop vive et tire l'œil. Le ton des chairs est terreux, et la Reine, qui est vêtue de blanc, ressemble à une femme arabe par la couleur de son teint.

Le second tableau, n° 1251, l'*Interdit*, est beaucoup mieux réussi. Voici la conséquence de l'excommunication : « Quel » horrible, quel affreux spectacle dans » toutes les villes ! Les portes des églises » fermées, leur accès interdit aux chrétiens » comme à des chiens ; les offices divins » suspendus, les sacrements interrompus, » le peuple ne venant plus aux fêtes des » saints, les cadavres privés de sépulture » chrétienne et leur odeur infectant l'air, et » leur horrible aspect remplissant de ter- » reur l'esprit des vivants... » Cette fois-ci, l'idée est amplement rendue, et pourtant

sans forcer l'horreur de cette situation. La
porte d'une église est obstruée par des
poutres et des branchages ; une croix voilée
de noir est-au-dessus de la porte du préau.
A droite, clouée au mur et écrite en caractères rouges, la terrible sentence d'excommunication. A gauche, le cadavre d'un
homme enveloppé de bandelettes et recou-
vert d'un drap noir qui laisse deviner ses
formes ; à droite, celui d'une jeune fille,
les mains jointes, couronnée de fleurs, qui
a été laissé sur la civière qui a servi à l'ap-
porter. C'est sobre de détails, et pourtant,
quel effet ! Comme ce tableau prouve bien
que l'artiste, en entrant dans son sujet et
ne se préoccupant que de la vérité, sans
s'égarer dans le procédé ou les données
d'une école, va droit au but et sait se faire
comprendre :

> Ce qui se conçoit bien s'énonce clairement,
> Et les mots pour le dire arrivent aisément.

Ce précepte est aussi vrai en peinture
qu'en littérature, et malheureusement n'est
guère enseigné à l'Ecole des beaux-arts, où
l'on dessine toujours avant d'avoir compris
le sujet, ne se préoccupant que de faire
d'après tel ou tel type recommandé par le
maître.

Le portrait de M. D..., n° 1252, du même
artiste, ne répond pas au charmant portrait de jeune fille que M. J.-P. Laurens
avait exposé l'année dernière, et qui était
assurément le plus ravissant portrait de
tout le Salon. Nous ne saurions en dire

autant de celui-ci, qui semble être en bois peint.

M. Dupain, n° 723, expose un immense tableau sous ce titre : *la Jeunesse et la Mort.*

Rien ne dure ici-bas! La mort impitoyable,
Promenant de sa faux le tranchant redoutable,
        Fait tomber tour à tour
Les rameaux encor verts, les fleurs à peine écloses,
Et les jeunes amants qui sous les lauriers roses
        Vont se parler d'amour.

Franchement, quand la jeunesse est aussi dévergondée que celle qui est représentée sur ce tableau, la mort n'a pas tout-à-fait tort de la faucher, et personne ne s'en plaindra beaucoup. C'est toujours le système de l'Ecole des beaux-arts qui inspire de semblables compositions. Du nu, toujours du nu, et du nu quand même! Les hommes sont couleur café au lait, mais les femmes ont la peau blanche; cela se voit encore dans tous les tableaux des élèves de M. Cabanel. Du reste, nulle originalité dans le dessin, qui reste bien le dessin officiel, le dessin qui fait avoir des médailles... quand le maître préside le jury. Prière à ces messieurs d'étudier, dans les différents *Triomphes de la Mort* du XIVe et du XVe siècle, cet épisode, qui y est toujours traité d'une manière si naïve et si touchante. Il est vrai qu'il n'y avait pas d'Ecole des beaux-arts à cette époque!

M. Alexandre Falguière quitte un instant son ciseau pour donner aux peintres une leçon de peinture et de dessin. Les *Lutteurs*, n° 782, sont une composition d'un réalisme quelque peu brutal, mais qui cependant ne

choque pas. Les deux hommes, vigoureusement dessinés et modelés, *s'empoignent*
avec une énergie superbe [et sont campés
solidement sur le sol. La couleur est un peu
rougeâtre, et les fonds et les personnages
qui les garnissent sont trop près des lutteurs ; il y a quelque chose du talent de
Daumier dans les spectateurs qui assistent
à la lutte. Si M. Falguière persévère dans
cette voie, il deviendra certainement un de
nos premiers peintres ; il y a en lui du Ribera, avec plus de science de dessin que ce
dernier n'en avait.

M. Wauters, n° 1988, expose cette année
un des meilleurs morceaux de peinture du
Salon, intitulé : *La folie de Hugues Van der
Goës.*

« En 1482, le peintre Van der Goës, de
» Gand, qui s'était retiré au prieuré de
» Rouge-Cloître, près de Bruxelles, fut at-
» teint d'un maladie mentale. On le ra-
» mena au Refuge de Bruxelles. Le prieur
» Thomas permit d'exécuter de la musique
» devant le malade et de le récréer par di-
» vers spectacles. » Chacune des figures de
cette composition est consciencieusement
étudiée, fort bien dessinée et peinte. La
touche de M. Wauters est large, et la *loca-
lité* de ses teintes est toujours parfaitement
juste. Cependant, malgré le talent incontestable de l'artiste, il ne se dégage pas un
grand intérêt de cette composition. Peut-
être les poses sont-elles un peu trop
cherchées ? Peut-être aussi cette réunion
de fort belles études empêche-t-elle de
concentrer l'attention sur le personnage

principal, et dès lors la scène ne saisit-elle pas tout d'abord le spectateur ? Quoi qu'il en soit, *la folie de Hugues Van der Goës* n'en reste pas moins un des meilleurs tableaux du Salon.

M. Gervex abandonne les traditions de l'École de Beaux-Arts ; nous l'en félicitons sincèrement, tout en espérant lui voir créer une manière qui soit bien sienne, ou, pour exprimer plus complétement notre pensée, une manière d'interpréter la nature qui soit vraie et qui ne cherche à pasticher aucun des maîtres qui l'ont précédé. Nous ne trouvons pas encore cette voie bien décidée dans les tableaux de M. Gervex qui figurent cette année au Salon. Sa composition de *Diane et Endymion*, n° 902, ne manque pourtant pas de charme et de mystère, et rend assez bien ces vers :

> Et chaque nuit, cédant au trouble involontaire
>   Des cœurs où l'amour est semé,
> Phœbé, la vierge pâle, en ce lieu solitaire,
>   Vient contempler son bien-aimé.

L'Endymion est une étude d'homme fort bien traitée ; par contre, la figure de Diane nous semble très insuffisante. M. Gervex cherche Prudhon tout en se préoccupant de la manière de M. Henner. Cette préoccupation est surtout visible dans le *Job* du même artiste, n° 903. .... « Ses amis, levant de loin les yeux, ne le reconnurent point. » (Ancien Testament, Job, ch. II, v. 12.) Cela n'a rien d'étonnant si Job était réellement étendu dans le désert, comme M. Gervex l'a représenté. En ne prenant cette composition qu'au point de vue où l'artiste s'est lui-même placé en peignant ce tableau, c'est-à-dire au point de vue d'une étude de vieillard nu, nous pouvons dire que cette étude est fort belle; mais en tant que *Job* et ses amis, elle nous semble plus qu'incomplète. Nous attendons de M. Gervex une œuvre remarquable pour le prochain Salon.

Les *Prisonniers marocains*, n° 501, de M. B. Constant, semblent être une immense aquarelle. Sa peinture est aussi mince et molle que possible. Il y a cependant quelques qualités de dessin dans son tableau, mais il ne se *compose* pas; c'est une suite d'études juxtaposées. La meilleure de ces figures est celle du garde placé à gauche du tableau et vêtu de vert. Un prisonnier, dont le torse est nu et singulièrement peint sans aucun relief, avec des tons de chair verdâtres très clairs, donne au centre de ce tableau une note fausse qui dépare toute l'œuvre. Même devant les modèles qu'il a eus au Maroc, avec ces tons puissants qu'il avait devant les yeux, M. Constant n'a pu se corriger des défauts qu'il a contractés dans l'atelier de M. Cabanel : la convention dans l'arrangement (ce torse blanc-verdâtre du prisonnier dont nous venons de parler n'existe pas au Maroc); la mollesse dans le dessin et l'absence de solidité dans la couleur, qui est tellement mince que le tableau ressemble à une aquarelle, comme nous l'avons dit plus haut.

Nous préférons à cette toile le *Portrait*

du docteur H.-G. de M..., n° 503, du même artiste. La tête manque un peu de relief ; elle pourrait être éclairée plus vigoureusement, mais l'ensemble de ce portrait est satisfaisant ; il serait excellent avec un peu plus d'accentuation et de solidité.|

M. Torrentz, n° 1893, expose un tableau lugubre : *le Mort.* Des Frères de la Miséricorde, portant la cagoule, viennent ensevelir un cadavre. Le mort est bien peint, la femme qui se tient debout sur la droite est juste de mouvement et d'expression, mais l'intéret de tout le tableau repose sur la figure principale qui est au centre, un superbe moine admirablement peint. Tout le reste de la composition, en dehors de ces trois figures, n'est qu'accessoire. Ce moine à longue barbe, vêtu de blanc et récitant les prières des morts sur le cadavre, est un des meilleurs morceaux de peinture du Salon.

La *Jeune chasseresse* de M. Saint-Pierre, n° 1787, est un charmant panneau décoratif. Il y a là du style, du dessin et de la couleur ; les deux lévriers sont d'une très belle facture.

M. Matejko envoie cette année un tableau bien inférieur à celui qu'il avait exposé l'année dernière. Le *Baptême de la cloche Sigismond, à Cracovie, en* 1521, peut à peine être regardé. Tout papillotte dans ce tableau au point de donner des éblouissements. Les poses de ses personnages sont très cherchées et le plus souvent sont justes ; malheureusement, l'éclat de son coloris, qui fait ressortir à un même degré toutes les figures de son tableau, empêche de saisir l'ensemble de sa composition et détruit complètement la perspective aérienne. M. Matejko ne sait pas sacrifier à l'ensemble une seule de ses figures. Cela est très malheureux, car il n'y a pas dans tout le Salon de talent plus consciencieux que le sien.

L'*Insulte aux prisonniers*, n° 1401, épisode de la croisade contre les Albigeois, en 1211, de M. A. Maignan, est un tableau bien conçu et bien exécuté. Types et costumes sont étudiés soigneusement et donnent une idée exacte de l'époque. Le *Portrait de Mme G. D...*, du même artiste, quoique d'une tonalité un peu uniforme dans toutes ses parties, est un des meilleurs portraits du Salon.

M. Pierre Cabanel expose une *Nymphe surprise par un satyre*. C'est bien là le triomphe de l'école de M. Alexandre Cabanel. La nymphe est en baudruche, sans articulations, sans muscles ni tendons; le satyre a sa musculation *capitonnée*, selon toutes les règles de l'Ecole des beaux-arts ; en un mot, c'est un digne produit de cette manufacture. L'auteur de ce chef-d'œuvre a déjà été médaillé, et le tableau porte la mention : exempt ! Nous nous abstenons de tous autres commentaires.

M. Bonnat expose un magnifique *portrait de Mme Pasca*, dont l'effet est saisissant. Mme Pasca, en pied, vêtue de cachemire blanc, bordé de fourrures, posée de trois quarts, la tête tournée de face et regardant le spectateur, appuie légèrement la main gauche sur une chaise en bois doré.

Une large manche ouverte et doublée de satin blanc, laisse voir le bras nu, qui retombe naturellement le long du corps, la main étant à demi-fermée. Cette pose est très naturelle et bien rendue ; le dessin et le modelé sont rigoureusement exacts, et le ton général est puissant. Mais pourquoi Mme Pasca se détache-t-elle sur un fond incompréhensible ? Il semble qu'on ait tiré derrière elle un feu d'artifice dont la fumée, mélangée d'étincelles, vient fort à propos faire un fond qui se gradue suivant les valeurs de ton qu'il doit faire ressortir. Ce sont là des moyens empiriques qui ne sont pas dignes du talent de M. Bonnat, moyens d'autant plus choquants, que la chaise en bois doré semble mise là exprès pour en faire ressortir l'étrangeté. Où se trouve Mme Pasca ? Est-ce dans un appartement, dans une caverne, ou en plein air ? Toutes les suppositions sont permises. Il fallait supprimer la chaise en modifiant la pose, et le portrait se détachait sur un fond quelconque, à la manière d'un dessin, ou bien, puisque M. Bonnat avait peint cet accessoire, placer Mme Pasca devant quelques draperies, qui, tout en accompagnant cette chaise, en eussent expliqué la présence. Un portrait de cette dimension est un tableau et doit être *fait* dans toutes ses parties. Quoi qu'il en soit, le portrait de Mme Pasca est le morceau de peinture capital du Salon, et il y soutient le plus dignement la gloire de l'école française moderne.

Nous aimons beaucoup moins le *Portrait de M. Bonnat*, par lui-même. Dans celui-là les chairs manquent complétement de transparence , notamment l'oreille, qui semble être en carton peint. Dans cette dimension, la peinture de M. Bonnat est trop *maçonnée*. Le fond est d'un ton rougeâtre malheureux.

M. E. Dubufe envoie consciencieusement, tous les ans au Salon, trois portraits non moins consciencieusement peints, et cela sans parvenir à rendre sa peinture plus agréable. Il n'y a dans sa manière aucun ressort, aucune souplesse ; tout est étudié avec le plus grand soin, irréprochablement rendu, et cependant ses portraits ne vivent pas.

Le même reproche ne peut pas être fait à M. Bastien-Lepage, n° 97. Le portrait qu'il a peint de M. H... est parlant. Une photographie instantanée ne pourrait faire mieux. De plus, sans être un grand coloriste, M. Bastien-Lepage sait mettre de l'harmonie dans ses tons. Sa petite *Communiante*, n° 96, est aussi très finement dessinée et modelée, mais a un peu trop l'air d'une mouche dans du lait.

M. Armand Dumaresq expose un fort beau portrait de M. *C. Cuching*, ministre des Etats-Unis à Madrid, n° 37. L'homme d'Etat, l'austère républicain se devinent dans ce portrait. C'est une des *personnalités* bien rendues du Salon.

Un fort beau portrait aussi que celui de M. et de Mme E. E., n° 784, de M. Fantin-la-Tour. M. E., assis, un carton ouvert à côté de lui, examine un dessin. Il est impossible de peindre avec plus de vérité ;

c'est là un portrait de maître. La figure de
Mme E., qui se tient debout à côté et un
peu en arrière, est moins heureusement
éclairée. Le fond est monotone.

Signalons en passant un ravissant petit
portrait de M. Paul Dubois, l'éminent
sculpteur, n° 706, fin et empâté comme un
Prudhon, trois beaux portraits de M. L.
Faure, d'une très bonne facture, parmi lesquels le n° 789, portrait de Mlle D., est d'un
très joli sentiment, et arrêtons-nous devant le magistral portrait en pied de M. le
général Billot, par M. Feyen-Perrin, n° 805.
C'est encore là une personnalité bien rendue, et il n'y a rien à reprendre dans ce tableau, qui est presque une page historique.

M. Cot tombe dans la fadeur. Ses deux
portraits de Mlle H., n° 525, et de Mme la
marquise d'H. St-D., sont fort bien peints,
mais l'influence de M. Bouguereau s'y fait
sentir malheureusement, et nous font
craindre de voir M. Cot tomber dans les
mêmes errements. Le ton gris des chairs,
leur poli outré et la froideur qui s'ensuit,
visible surtout dans sa *Madeleine*, nous
font concevoir des craintes sérieuses pour
l'avenir.

Nous signalons un petit portrait de M.
Caron, n° 358. Il a peint M. E. P... en pied
et en costume de chasseur, dans un paysage qu'il a animé de quelques pièces de
gibier jetées à terre et d'un fort bel épa-
gneul. Les accessoires sont très finement
traités ; le portrait lui-même, en tant que
tête, est bien peint, mais les vêtements
trahissent l'inexpérience dans leur arran-

gement. Ils sont d'un neuf désespérant, les guêtres surtout ! Sans l'abondance du gibier étendu aux pieds de M. E. P..., ils pourraient faire ressembler celui-ci aux chasseurs parisiens de la plaine Saint-Denis en un jour d'ouverture.

Nous sommes convaincus que M. Caron acquerra bien vite l'habileté d'arrangement qui lui manque. Il serait à désirer que son exemple fût suivi et qu'on ne se crût pas toujours obligé à peindre des portraits en pied de grandeur naturelle. Les Hollandais et les Flamands excellaient dans ces petits portraits, qui parlent aux yeux tout autant que les grandes toiles, tout en étant moins encombrants.

M. Carolus Duran a envoyé au Salon trois tableaux, qui ne sont, en somme, qu'une répétition de son exposition de l'année dernière, répétition très inférieure et qui est attristante. Le portrait de Madame ***, n° 740, présente, à peu de chose près, le même aspect que celui de Mme la comtesse de P..., exposé en 1874. Si le portrait de Mme la comtesse de P... n'était pas flatté, Mme *** est complétement défigurée dans le sien, et M. Duran semble avoir oublié, en le peignant, qu'il ait jamais su dessiner. Le bras droit surtout est d'une faiblesse et même d'une impossibilité de dessin et de modelé qui dépassent tout ce que nous pouvons en dire. Malgré les indications du corsage de la robe, la poitrine n'existe pas et présente une surface concave plutôt que convexe. La tête est brutalement peinte, et la bouche en-

trouverte donne à tout le visage une
expression d'épuisement qui dénote une
maladresse inouïe chez le peintre. Nous ne
comprenons pas que M. Duran ait pu ainsi
déchoir.

La *Fin d'été*, du même peintre, nous fait
voir, dans un paysage traité très sommairement, des esquisses de femmes nues maladroitement dessinées, et dans des poses
qui sont pillées un peu partout. M. Carolus
Duran ne rachète incomplétement ces erreurs de pinceau que par le *Portrait de
Mlle Sabine Duran*, qui s'appuie sur un lévrier franchement et largement peint. Mais
encore dans ce portrait M. Duran est-il inférieur à ce qu'il a été les années précédentes. En résumé, toute cette exposition
dénote chez son auteur un sans-façon et
une confiance illimitée en son propre talent,
qui ne sont justifiés par rien absolument.

Mlle Berthe Delorme nous dédommage
de la peinture carnavalesque de M. Duran,
par un portrait finement étudié et peint de
Mlle L. D..., mais qui est tué, malheureusement, par un incompréhensible fond en
satin jaune, d'un effet déplorable.

Le portrait de *Mme D...*, de Mlle Nélie
Jacquemart, ne soutient pas la réputation
de l'artiste. Malgré le mouvement que
Mlle Jacquemart a voulu mettre dans ce
tableau, il reste bien froid. Les deux autres
portraits qui l'accompagnent ne dénotent
pas non plus de progrès chez leur auteur.

Citons dans l'exposition de M. Laroche
un très bon portrait de M. D..., n° 1243,
représenté assis, très naturellement posé,

dont la tête est expressive et heureusement éclairée, et l'habillement bien peint.

Nous avons le regret de ne pouvoir dire du bien des deux portraits d'homme de M. Bonnegrace, qui sont bien au-dessous de ce qu'il fait habituellement, et qui n'ont même pas le mérite d'être *d'ensemble*. Quant à la *Naissance de Vénus*, du même artiste, d'un dessin et d'un modelé si malheureux, elle ferait le digne pendant de celle de M. Cabanel, et semble être comme cette dernière le produit pénible du pinceau d'un vieillard. On pourrait la nommer la *Vénus au grand pied*. Elle en possède un, en effet, d'une grandeur phénoménale.

Signalons en passant un portrait de M. Bertier, qui trahit de l'inexpérience chez son auteur, mais qui promet pour l'avenir, *celui du comte de G*. Il a des qualités de dessin et de modelé ; on sent bien le corps sous le vêtement, et il y a là une personnalité bien rendue. Par contre, le fond n'est pas heureux, et les chairs ont une matité fâcheuse.

Les deux portraits de M. Harlamoff sont bien vivants. Sa touche a de la vigueur et est même quelquefois un peu brutale. Mais on sent là un tempérament. De ces deux portraits, celui de *Mme Pauline Viardot*, n° 1013, a une coloration d'un jaune de soufre qui n'est pas heureux ; la ressemblance est cependant frappante. Celui de *M. Viardot*, n° 1014, est énergiquement peint et dans des tons plus vrais.

Très ressemblant aussi, le *Portrait de S. Exc. lord Lyons*, *ambassadeur de la*

Grande-Bretagne en France, par M. Healy, mais peint avec un peu trop de dureté. Il n'y a pas de souplesse dans les chairs.

M. Brion expose un charmant *Portrait de baby* dans ses atours de baptême, n° 305. Il a su rendre d'une manière très fine le modelé si souple et si difficile à saisir d'une tête de tout jeune enfant et lui donner une expresssion vraie. Les accessoires sont très habilement peints.

Citons encore trois beaux portraits de M. Lievin de Wynne, et parmi eux celui de *S. A. le prince A. d'A.*, parfaitement posé et modelé, mais auquel on pourrait reprocher cependant de ne pas assez se détacher du fond.

Un charmant *Portrait de ieune femme*, n° 1826, de M. Schommer; c'est l'œuvre d'un dessinateur et d'un coloriste.

Trois portraits de Mlle Schneider, dont l'un, le n° 1822, *Portrait de M. V. Borie*, est d'une vérité parfaite.

Un gracieux et touchant portrait de *Jeune Carmélite*, de M. Soyer, n° 1856, d'un sentiment exquis.

Et arrêtons-nous un instant devant un portrait bizarre de M. Ribot, n° 1719, *Portrait de M. Van Kerkove-Van den Broeck.*

M. Ribot tient à peindre avant tout d'une manière pittoresque, sans trop s'inquiéter de la vérité. Il passe sa vie à pasticher Ribera, en exagérant encore les fonds noirs de ce maître. C'est ainsi que la tête de M. Van Kerkove-Van den Broeck a l'air d'émerger d'un océan de cirage. Sous le prétexte d'imiter le Titien, M. Ribot a mis aux

mains de l'original de ce portrait de vieux
gants déchirés ; de plus, le col de la chemise est recroquevillé d'une manière im-
probable, la cravate est mal nouée. Assurément, M. Van Kerkove n'oserait jamais
se montrer en public dans un costume
aussi peu soigné. M. Ribot croit-il qu'il soit
nécessaire de peindre un portrait dans un
tel débraillé pour faire du pittoresque ?
Nous aurions de singulières idées sur les
costumes des siècles passés si tous les peintres avaient suivi cette méthode. Pour donner une note un peu plus accentuée à son
portrait, M. Ribot lui a appliqué sur la
joue une large touche d'un rouge vif qui a
l'air d'avoir été produite par un violent
coup de feu. La convention en art mène
tout droit à ces aberrations. Si M. Ribot
s'était contenté de peindre ce qu'il voyait,
il eût fait un bon portrait, car au fond il
est coloriste, malgré l'abus qu'il fait du cirage en peinture. Mais son maître Ribera
était là, et naturellement M. Ribot n'en
comprend que les défauts, conséquence
forcée d'une semblable obstination à vouloir tout travestir dans la manière de ce
maître. Jusqu'à ces pauvres *gars normands*,
dont M. Ribot a fait des Auvergnats, toujours pour complaire à Ribera ! Nous n'aurions jamais cru qu'il se fût agi d'un *Cabaret normand* en regardant le n° 1718, mais
bien d'Auvergnats jouant aux cartes au fond
d'une mine de charbon de terre. Nous nous
rappelons avoir vu des portraits de M. Ribot qui avaient une tout autre transparence et un aspect de vérité qui, hélas ! ne

se trouvent plus dans ses derniers tableaux.

———

Les tableaux de bataille ne sont pas nombreux cette année au Salon, mais quelques-uns sont remarquables. La peinture militaire s'attache maintenant à reproduire des épisodes plutôt que de grands ensembles. M. de Neuville excelle dans ce genre. Le n° 1538, *une Surprise aux environs de Metz, août 1870*, nous montre un détachement français arrivant à l'improviste dans une maison pillée par des Prussiens. Il n'y a pas un mouvement qui ne soit juste. Mais le grand tableau de M. de Neuville empêche qu'on s'arrête longtemps à contempler le premier. Le n° 1539, *Attaque, par le feu, d'une maison barricadée et crénelée, — armée de l'Est, Villersexel, le 9 janvier 1871*, est un chef-d'œuvre de vérité et d'entrain militaire.

« Après une lutte sanglante, Villersexel
» était enlevé, à la fin de la journée, par
» les troupes du 18e corps. Fortifiés dans
» plusieurs maisons, les Allemands n'en
» continuaient pas moins un feu meurtrier
» sur nos soldats. Ceux-ci, après avoir vai-
» nement essayé d'enfoncer les portes bar-
» ricadées, coururent chercher, dans les
» greniers et sous les hangars, des fagots
» et de la paille, qu'ils vinrent amonceler
» contre l'obstacle. Ainsi allumé, le feu se
» propagea rapidement. Tout ce qui restait
» d'Allemands dans Villersexel fut tué ou
» pris. »

Le tableau de M. de Neuville rend exactement cette narration. Il y a dans toute cette composition l'atmosphère vraie de la bataille. D'Allemands, pas un seul; mais comme on sent bien l'ennemi derrière ces murs crenelés! Avec quel entrain chasseurs et mobiles apportent des fagots, qu'ils amoncèlent devant la grande porte de cette maison qu'il faut enlever à tout prix! Tous les types, tous les caractères, depuis le mobile encore novice jusqu'au vieux chasseur froid et résolu, sont admirablement rendus. M. de Neuville est le peintre de bataille épisodique par excellence. De plus, il est fort habile coloriste et sait tirer un excellent parti des uniformes.

M. Castellani, n° 373, a représenté avec entrain et vérité l'admirable *Charge des zouaves pontificaux et des francs-tireurs de Tours à Loigny, le 2 décembre* 1870. Ce tableau est bon composé; l'ensemble de la bataille est heureusement rendu, sans que les épisodes des premiers plans nuisent à l'effet général. Les lointains sont fort beaux et bien compris.

M. Berne-Bellecour est cette année inférieur à lui-même. *Les Tirailleurs de la Seine ou combat de la Malmaison, le 21 octobre* 1870, manquent complètement d'entrain. Tous les personnages ont plutôt l'air de faire l'exercice à feu que de se battre réellement. M. Berne-Bellecour s'est trop préoccupé de faire des portraits. Malgré cela, ce tableau est bien peint et intéresse. Par contre, le n° 168, du même artiste, *la Brèche*, est fort ennuyeux. Il n'y a pas là une seule attitude vraie, et nous sommes étonné que M. Berne-Bellecour ne s'en soit pas aperçu.

M. Yvon expose cette année *Une charge de cuirassiers à Reichshoffen*, froide de ton et sans entrain. Cela est bien loin de ses beaux tableaux de la prise de Malakoff. Quant à son *César*, nous avouons ne pas comprendre très clairement cette allégorie un peu trop compliquée. Le cheval que monte César nous a tellement choqué par ses défectuosités, que nous n'avons pas eu le courage d'examiner plus longuement ce tableau.

M. Detaille ne nous semble pas en progrès. Son *Régiment qui passe — Paris, décembre* 1874, n° 662, laisse le spectateur parfaitement froid. Tous ses personnages semblent immobiles devant l'objectif d'un photographe. Quelques types cependant sont bien rendus.

M. Bétsellère a exposé un portrait un peu apologétique de M. le maréchal de Mac-Mahon, dont nous avons déjà parlé. Il est intitulé : *En avant!* n° 191. Le cheval que monte le maréchal se cabre, effrayé par un projectile qui éclate à ses pieds ; le maréchal montre de son épée l'ennemi à ses soldats. Sur le premier plan, un clairon de zouaves sonne la charge ; à gauche, un tambour de turcos est frappé à mort, et un soldat de la ligne, la visière de son képi crânement mise de côté pour ne pas gêner le tir, ajuste dans la direction du spectateur. Le raccourci de son fusil est très heureusement rendu. Toutes ces figures, de grandeur naturelle, sont fort bien traitées et d'une grande énergie. Il est fâcheux que la couleur ne soit pas toujours vraie. Le cheval du maréchal, notamment, est d'un ton d'ardoise d'un mauvais effet. En résumé, malgré quelques défauts, ce tableau donne de sérieuses promesses pour l'avenir.

Nous devons prédire aussi un avenir brillant à M. Roll, qui a dû passer de longues heures à étudier Géricault; nous lui en faisons notre sincère compliment. Son tableau n° 1743, *Halte-là!* est vigoureusement traité et a des qualités de facture incontestables. Un cuirassier français, tête nue et blessé au front, saisit la bride du cheval d'un cuirassier prussien qu'il fait prisonnier, et menace, s'il ne se rend, de le percer de sa longue latte. Le mouvement général est bien rendu. La tête du cuirassier français est énergique et d'un beau sentiment; son cheval est bien dessiné. Celui du Prussien se cabre violemment, et son mouvement est un peu forcé; il n'y a pas une correspondance parfaite entre l'avant et l'arrière-train. Mais la vigueur de l'ensemble fait oublier ces défectuosités.

M. François Lafon expose le portait équestre du *général de Charette, épisode du combat de Patay*, n° 1179. Le général est bien peint et d'une grande ressemblance. Le cheval seul manque d'allure, et son dessin nuit à l'ensemble. Le même jeune artiste a encore au Salon un *Saint Etienne*, n° 1180, d'un beau sentiment religieux.

Les tableaux de M. Protais, de cette année, sont bien loin de ceux qui ont fait sa réputation. Ses *Gardes-françaises et gardes-suisses*, n° 1684, ont l'air de petits soldats de plomb, et sa *Mare*, n° 1685, autour de laquelle se tiennent quelques soldats, ne vaut guère mieux.

M. Bombled a fort bien peint un sujet qui n'est pas neuf : chevaux et soldats sont surpris par une tourmente de neige, n° 231, *Rafale du nord-est.* La campagne de Russie a tellement fait peindre de sujets analogues, que l'intérêt qu'ils excitent est un peu émoussé. On s'arrête néanmoins devant le tableau de M. Bombled, dont le talent est incontestable.

M. L. Couturier a rendu avec beaucoup de vérité une *Attaque de fusiliers marins. — Siége de Paris* (1870-1871), n° 541. Les marins escaladent les murs d'un parc et ouvrent une grille de fer sous le feu de l'ennemi. Un enseigne s'efforce de passer le premier entre les deux battants de la grille, que les marins ouvrent avec peine. Il y a beaucoup de vivacité dans cette composition ; l'épisode est frappant.

Nous avons dit quelques mots déjà du *Combat de Pa-li-Kao — 21 septembre* 1860, de M. Beaucé. Ce tableau mérite qu'on s'arrête quelques minutes devant lui. Il reproduit parfaitement cet extrait du rapport du général de Montauban, commandant en chef le corps d'expédition de Chine.
« Pendant que le général Collineau, arrivé
» sur le bord du canal, apercevait le pont
» de Pa-li-Kao et le prenait d'écharpe avec
» son artillerie, j'ordonnai au colonel de
» Butzmann de faire avancer les fuséens et

» la batterie de 12 pour battre le pont
» d'enfilade. Sur la chaussée du pont, des
» chefs richement vêtus agitaient des éten-
» dards pendant que des fantassins répon-
» daient à découvert par un feu, heureu-
» sement impuissant, à celui de nos pièces
» et à notre mousqueterie. C'était l'élite de
» l'armée qui se dévouait pour couvrir une
» retraite précipitée. » L'ensemble de la
bataille est parfaitement rendu ; tous les
personnages des premiers plans sont des
portraits, la plupart très ressemblants.
M. Beaucé est un digne continuateur d'Ho-
race Vernet, et son tableau prendra place
parmi les bonnes compositions du musée
de Versailles.

M. Emile Bayard expose un tableau saisissant et quelque peu horrible : *Le lende-
main de Waterloo*, n° 110. « La furie qui
» animait les soldats de Blücher et les nô-
» tres survécut à la bataille du 18. Le jour
» suivant et le surlendemain, les blessés
» des deux nations, retirés dans les villages
» ou dans les fermes voisines du champ de
» bataille, luttaient encore sur les lits et
» sur la paille où ils étaient gisants. »
(De Vaulabelle, *Histoire des deux Restaura-
tions*.) M. Bayard a mis une sauvage énergie
dans toute les têtes de ses personnages.
Son tableau est parfaitement composé.
Mais ces blessés se traînant avec peine l'un
vers l'autre pour en venir encore aux mains
et s'arrachant mutuellement leurs banda-
ges pour mettre leurs plaies à découvert,
offrent un horrible spectacle qui serre le
cœur. Il est impossible même de s'arrêter

bien longtemps à le regarder, tant l'impression est vive et bien rendue par le peintre.

M. Régamey figure malheureusement pour la dernière fois au Salon, et ses trois tableaux qui y sont exposés font vivement regretter la mort prématurée de cet artiste. M. Régamey comprenait et reproduisait admirablement les types de troupiers. C'était un continuateur de Charlet, avec une couleur plus franche et plus solide. Ses *Tambours de grenadiers*, n° 1701, *Un cuirassier*, n° 1702, et surtout ses *Cuirassiers au cabaret*, n° 1703, rendent avec une vérité frappante les physionomies de nos soldats, si franches, si énergiques et si stoïques en même temps.

M. Armand Dumaresq ne nous donne cette année que des scènes militaires du siècle dernier, qui sont cependant intéressantes à regarder.

Le n° 36 représente la *Reddition de York-town, le 18 octobre 1781.* « D'après la teneur
» de la capitulation, lord Cornwallis et
» toute l'armée anglaise furent prisonniers
» de guerre. Le major général O'Hara dé-
» fila à la tête de la garnison. Il arriva, en
» baissant son épée, au comte de Rocham-
» beau, qui lui montra le général Washing-
» ton à la tête de l'armée américaine et lui
» dit que l'armée française n'étant qu'auxi-
» liaire, c'était à ce général à lui donner
» ses ordres. » M. Armand Dumaresq a su faire revivre les types de l'époque avec une grande finesse et beaucoup de vérité. Les costumes sont parfaitement traités. La

scène est très impressionnante; c'est un des bons tableaux du Salon.

Le n° 38, du même artiste, nous montre un *Hussard Chamborand.* Celui ci est descendu de son cheval et rajuste la sangle de la selle. Homme et cheval sont très vrais de mouvement et peints avec beaucoup de relief et d'entrain. Nous avons déjà parlé d'un fort beau portrait de *M. Cushing, ministre des Etats-Unis à Madrid,* peint également par M. Armand Dumaresq.

Les Paysagistes

Nous avons vu au salon de 1875 la dernière exposition de Corot, ce peintre si fécond, ce poète si amoureux de son art, dont la vie s'est écoulée au milieu des douces émotions que lui donnait la contemplation constante de la nature. Il s'est éteint, emportant les regrets de tous ceux qui l'ont connu et qui ont pu apprécier, en même temps que son grand talent, sa bonté et son inépuisable générosité. — Corot est le peintre de l'*atmosphère.* Il excelle à rendre l'impression d'un *ciel,* le crépuscule du soir ou du matin ou un clair de lune. Ne cherchez pas le détail dans un de ses paysages : il n'existe pas. Ne cherchez pas à deviner quelles sont les essences des arbres qui l'animent; Corot indiquait leur silhouette, établissait sommairement leur structure, faisait passer l'air et la lumière à travers leurs branches, et quand ils faisaient valoir suffisamment la lumière de *son atmosphère*, il s'arrêtait, son tableau était fini. Comme il le disait lui-même : « Il n'y a rien, et tout y est. » — Corot ne procède que de lui-même. Il a cependant quelque analogie, comme tempérament sinon comme facture, avec Van-Goyen. Tous les deux ont compris la nature d'une façon analogue, dans un sens qui leur était à chacun bien personnel et dont ils ne se départirent que fort rarement. Tous les deux ont reproduit à satiété les mêmes effets. Ils étaient tellement épris de leur art, tellement enthousiastes de la nature, qui leur apparaissait sous un aspect unique, qu'ils ne se lassèrent jamais de peindre des compositions presque identiques aux yeux du vulgaire, mais qui, pour Corot et Van-Goyen, étaient la reproduction d'autant d'effets différents. Ces deux grands artistes, s'il est permis de se servir d'une comparaison empruntée à la musique, procédèrent dans la production successive de leurs tableaux par *quarts de tons*, lesquels déterminaient pour eux des différences bien tranchées. L'œuvre de chacun d'eux constitue donc, pour ainsi dire, une *gamme chromatique*, une série de créations qui ne sont en définitive que les variations d'un même thème. Celui-ci fut pour eux un but unique auquel ils tendirent toute leur vie. Si l'on peut reprocher à Corot sa monotonie, on ne saurait, en revanche, lui refuser une finesse de ton et une distinction exquises dans la plupart de ses compositions.

Cette dernière exposition de Corot n'est pas inférieure à celles qui l'ont précédée. Des trois tableaux qui figurent au Salon, Corot n'a pu en terminer qu'un, *Biblis*, n° 521. C'est une poétique composition, dont le charme égale celui de la nature elle-même. Cette impression se dégage de l'ensemble, de la lumière qui enveloppe chaque partie du tableau, des fines dégradations des teintes du ciel, en un mot, de l'accord parfait de toutes les notes de cette symphonie qui reproduit la sublime harmonie de la nature.

Les plaisirs du soir ; — danse antique, n° 520, du même maître, présente les mêmes qualités de lumière et de profondeur. Le ciel est embrasé des derniers feux du soleil couchant ; de chaudes vapeurs s'élèvent du sol, et semblables à des feux follets, des nymphes commencent une danse antique. La mort a empêché Corot d'achever cette composition ; ses nymphes sont seulement indiquées. Il est permis de croire que ce tableau, s'il avait pu le terminer, eût été compté au nombre de ses chefs-d'œuvre.

Le n° 519, les *Bûcherons*, est moins réussi. A droite du tableau est un dessous de futaie, non terminé il est vrai, mais qui occupe une place trop large dans la composition. Corot ne traitait ses arbres que très sommairement. Il s'ensuit que les tableaux où ils jouent un rôle trop important sont inférieurs à ceux dans lesquels l'intérêt se concentre dans le ciel et les horizons.

M. Harpignies, qui s'affirme cette année comme un maître, a, de même que Corot, le don de poétiser ses compositions et de faire rêver.

Ses paysages ont un grand style et sont peints un peu décorativement : sa lumière est limpide et enveloppe les moindres détails ; sa perspective aérienne est merveilleuse. *La Vallée de l'Aumance* (Allier), numéro 1017, représente la fin d'une chaude journée d'été. Les arbres du premier plan projettent de grandes ombres sur la pelouse qui est à leurs pieds. La donnée de ce tableau est simple et grandiose, et M. Harpignies en a tiré un très beau parti.

Les mêmes qualités se retrouvent dans son second tableau, les *Chênes de Château-Renard (Allier)*. Le premier plan est occupé par une magnifique étude de chênes, dont les détails très cherchés se fondent harmonieusement dans l'ensemble, tout en se découpant vigoureusement sur les fonds.

M. Daliphard n'a exposé cette année qu'un paysage, n° 557, mais qu'on peut proclamer un chef-d'œuvre. Il a eu raison de l'intituler : *Mélancolie*. Le site sauvage qu'il a représenté, et qui n'est éclairé que par les dernières lueurs du crépuscule, fait naître cette impression, qui s'accentue à mesure qu'on étudie son tableau. La peinture de M. Daliphard est large et franche. Certaines parties, surtout dans les premiers plans, ont l'énergie et la justesse de ton des beaux paysages de Courbet.

M. Defaux a tenu à prouver qu'il abor-

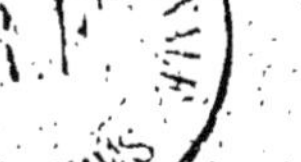

dait et savait traiter tous les genres de
paysage. Sa *Ferme du Vieux-Chêne à Ché-
rence (Seine-et-Oise)*, n° 596, est un charmant coin de ferme animé par des animaux de basse-cour; dans le n° 597, *Environs de Granville (Manche)*, il y a de belles
études d'arbre; mais un petit coin tout in-
time, admirablement traité par M. Defaux,
vous captive et vous éloigne presque de ses
deux autres tableaux : *Le Printemps dans
les bois, à Auvers (Seine-et-Oise)*, n° 595, est
le plus frais paysage du Salon.

Au centre une fontaine, dans laquelle
toute une famille de canards et de cane-
tons vient prendre ses ébats; à côté, un
pommier en fleurs, au pied duquel des
poules picorent sous la garde d'un beau
coq; de l'herbe verte partout. A droite, la
ferme, à demi-cachée dans un massif de
verdure; à gauche, un grand chêne qui n'a
pas encore ses feuilles et au pied duquel
croît un fouillis de ronces et d'épines qui
viennent de pousser leurs premières feuilles. Ce sont les premiers verts du printemps et les premières fleurs qui viennent
réjouir la vue. Tout cela est d'une fraîcheur
et d'une fine variété de tons qui ne peuvent
être décrites. Les oiseaux de basse-cour qui
se promènent dans l'herbe animent d'une
manière charmante cette composition. Devant ce tableau, on se prend à rêver de
la campagne, et l'on a envie de quitter
Paris.

M. Hanoteau expose, n° 1008, un fort
beau paysage : *les Grenouilles*. Il y a effectivement, sur le premier plan, dans une

mare que dominent de grands chênes, une réunion de grenouilles. Tout ce petit peuple a l'air fort tranquille et heureux. Une éclaircie ménagée entre les grands arbres laisse apercevoir une prairie, et dans le fond vivement éclairé par le soleil de juillet, une charrette que l'on charge de foins. Il y a un grand accent de vérité dans cette composition. M. Hanoteau est un naturaliste.

Les paysages de M. de Groseilliez sont très frais de ton en tant que terrains et verdures, mais c'est une lumière grise qui éclaire tout cela. Le soleil lui-même ne parvient pas à dissiper la brume dans ses tableaux. Les *Fonds de Moussy, au printemps*, n° 970, sont conçus dans les tons très finement dégradés des premiers verts du printemps; mais le ciel, malgré les indications d'ombres produites par un soleil invisible, reste chargé de brouillard. Il y a là un contre-sens. Son second tableau, n° 971, les *Roches de Guisseny* (Finistère), présente les mêmes qualités et les mêmes défauts que le précédent; de plus, les roches manquent d'étude et ressemblent à tout ce que l'on voudra, excepté à des roches. Elles ont été peintes hâtivement, avec des empâtements qui ne modèlent rien.

La toile que M. Dallemagne a envoyée au Salon est une excellente peinture, très faite et très étudiée dans ses moindres détails. M. Dallemagne est évidemment un fin observateur de la nature, ses premiers plans en font foi. *La Dombe, au commencement d'avril*, n° 558, est un des tableaux les plus consciencieux du Salon. L'accord est excellent entre le ciel, l'eau et les tons du sol. Les grandes herbes des premiers plans sont fort bien peintes, sans que les détails très précisés nuisent à l'effet général, et la futaie de hêtres qui se trouve sur la droite est d'une profondeur étonnante ; l'air circule à travers toutes ces branches, qui vont pousser leurs premières feuilles. La perspective aérienne est admirablement rendue. On sent bien devant cette toile le réveil de la nature ; l'hiver vient de finir. Les silhouettes des vaches et des figures qui animent cette composition sont justes, mais le tableau gagnerait si elles étaient un peu plus poussées.

M. César de Cock a adopté une tonalité et une facture qui se reproduisent sans cesse. On sent malheureusement que la nature n'est plus son guide exclusif : la manière a pris sa place. Nous espérons qu'il s'arrêtera dans cette mauvaise voie. Nous avons vu un nombre infini de fois les trois paysages qu'il a exposés cette année : *Au printemps, Un vieux moulin en Normandie,* et *Les bords de l'Ebre,* n°s 586, 587 et 588. Ces deux derniers surtout sont peints dans des tons d'un vert noirâtre qui ne se trouve jamais dans la nature.

M. Xavier de Cock est tombé dans le même défaut, avec cette différence qu'il exagère en clair ses tonalités. Ses tableaux présentent un fouillis des verts les plus tendres, sans horizons et même sans masses bien établies. Toute cette peinture est lâchée et bien loin de ce que nous avons vu de lui les années précédentes. Des trois tableaux qu'il expose, *le Ruisseau*, n° 589, *la Forêt*, n° 591, et *les Vaches*, n° 590, ce dernier est le meilleur. Les vaches pourraient être mieux dessinées, mais elles donnent de jolies taches dans le tableau.

L'Oise à Auvers, — *le matin*, n° 122, de M. Beauverie, est un effet de fraîcheur et de rosée matinales bien rendue. Il y a aussi des qualités dans *La Saulée,* — *après midi*, n° 123.

M. Bernier expose deux belles toiles peintes dans des tonalités franches et robustes. Le soleil éclaire vivement le paysage dans l'*Eté*, n° 169. Les figures sont solidement établies, comme les masses de feuillage, par des touches larges qui donnent à l'ensemble de cette composition un aspect bien décoratif. L'*Automne*, n° 170, du même peintre, conçu dans des tons différents, présente les mêmes qualités d'éclat et de solidité dans le coloris que le tableau précédent.

M. Paul Colin s'affirme en maître cette année par son beau tableau de la *Ferme Groult, à Criquebœuf* (Seine-Inférieure), n° 483. La scène rustique qu'il représente est prise sur le vif. Des paysans déchargent une charrette devant la grange. Le mur de ce bâtiment est vivement éclairé, et les chevaux attelés à la charrette, les pieds dans la litière répandue dans toute la cour, se détachent en vigueur sur le mur blanc. Une femme appuyée au chambranle d'une porte regarde cette scène. De grands arbres entourent la ferme. La donnée de ce paysage est très simple, très réaliste, et M. Colin en a tiré un excellent parti. Nous reprocherons cependant au ciel d'être un peu lourd ; il ne fuit pas derrière les arbres ; les verts de ceux-ci ne sont peut-être pas très justes de ton. La gauche du tableau n'est pas à la hauteur des premiers plans et du centre de la composition. *Les Petites maraudeuses,* n° 484, du même artiste, qui dévalisent un verger, sont une jolie étude d'enfants et de verdure.

M. Lemaire a énergiquement peint un site superbe : *le Chalet dans la montagne, canton de Vaux (Suisse)*, n° 1330. C'est simple et grandiose tout à la fois.

Nous avons déjà parlé du beau paysage de M. Nazon, *le Rocher de Caylus (Aveyron)*, n° 1537. C'est plein de lumière et très vrai de ton. On peut reprocher cependant à cette peinture son apparence un peu trop lisse.

Citons encore deux paysages bien peints de M. Herpin. *La Marne à Chennevières (Seine)*, n° 1040, et *la Butte des Moulineaux (Seine)*, n° 1041, et arrêtons-nous devant le grand tableau de M. Français, n° 836, *le ruisseau du Puits-Noir, le matin (Franche-Comté)*. Le site est poétique et plein de mélancolie. Un héron traverse gravement le ruisseau qui descend de la montagne. M. Français détaille avec soin toutes les parties de son tableau ; ses premiers plans sont dessinés de main de maître. Mais le tout est froid. Il faut à M. Français autre chose qu'un coin de paysage à reproduire. Il compense la froideur de son coloris par l'habileté de composition et la grandeur qu'il sait donner à ses sites. *Le Ravin du Puits-Noir, effet de soir*, n° 835, justifie l'observation que nous venons de faire ; la facture en est maigre, les tons d'une froideur glaciale, et aucun horizon, aucun effet de lumière ne vient racheter cela.

Un de ses élèves, M. Rapin, a hérité des qualités et des défauts du maître. Des deux tableaux qu'il expose, le n° 1698, *la Rosée dans les fonds de Bonnevaux (Doubs)*, est remarquablement peint et justifie bien son titre. *Le Ruisseau sous bois, près Bonnevaux*, n° 1699, est très inférieur au premier.

M. Pelouze ne nous semble pas en progrès. Il n'y a plus ni air ni profondeur dans ses tableaux. Des empâtements excessifs, qui ne sont justifiés par rien, donnent à ses toiles l'aspect rugueux d'un vieux mur. Nous espérons qu'il renoncera à ce fâcheux procédé. Ses trois tableaux, représentant des vues des environs d'Honfleur, *Ferme normande*, n° 1605, *à Nasouy*, n° 1606, et *Octobre*, n° 1607, sont cependant bien composés. Le procédé seul leur fait du tort.

Nous pouvons citer encore, parmi les meilleurs paysages du Salon, ceux de M. Yon : *Un bras de la Seine aux environs de Montereau (Seine-et-Marne)*, n° 2008, et le *Petit-Flôt ; — environs de Montereau*, n° 2009, qui sont d'une facture excellente, franchement accusée, et d'une couleur aussi vraie que solide.

M. Jean Zuber expose deux beaux paysages d'Alsace : *Une lisière de forêt*, n° 2017, et l'*Étang de Ferrette*, n° 2018, tous deux peints magistralement.

Terminons cette revue des paysagistes par quelques *impressionnalistes* dont nous ne pouvons, à notre grand regret, approuver les théories et admirer les productions.

M. Emile Breton expose un effet de neige, *Un village en Artois*, n° 295. Pour donner une note énergique à son tableau, il a peint au centre de sa composition une cabane d'un vert *cru*, impossible à regarder. Cette malencontreuse cabane, qui vient d'être sans doute repeinte à neuf et que la neige n'a pas eu le bon esprit de cacher comme le reste du paysage, détonne d'une manière inouïe dans cette composition. — Son *Etoile du berger*, n° 296, représente un troupeau de petits moutons à roulettes au milieu d'un brouillard qui confond toutes les lignes. Une étoile brille dans le haut du tableau. — Le *Canal de Courrières en automne*, n° 294, est un effet de soir un peu plus travaillé, assez violent d'effet, mais qui est néanmoins infiniment supérieur aux deux autres tableaux. Pour que les tons de cette composition s'harmonisent entre eux, il est nécessaire de se placer à une grande distance. Nous avouons ne pas comprendre ce système de peinture.

M. Daubigny fils suit les mêmes errements. Ses tableaux sont peints avec le couteau à palette et nécessitent aussi, pour être compris, un recul considérable de la part du spectateur.

Le même reproche est à faire à M. Gegerfelt, à un moindre degré cependant ; à distance raisonnable du tableau, il est impossible de rien distinguer de précis.

M. Jules Héreau expose aussi des taches sur des préparations excellentes de paysages. Ces taches représentent des bestiaux, des chevaux, etc... Tout cela est très joli de ton... à 30 mètres, et, quand on s'approche, on reconnaît que le peintre à totalement oublié de dessiner son tableau. Il nous semble que voilà beaucoup de peine perdue et que, sauf quelques excentriques, enthousiastes de ces procédés nouveaux, bien peu d'amateurs apprécieront la nouvelle école. Il y a cependant, chez les artistes que nous venons de citer, une entente très vraie de la couleur, et ils auraient bien peu de chose à faire pour donner à leurs tableaux ce qui leur manque, car nous ne supposons pas que ce soit par ignorance du dessin qu'ils négligent celui-ci, mais bien par un déplorable esprit de système.

Les peintres de marine

Nous devons citer en première ligne M. Clays, une des grandes personnalité artistiques de notre époque. Il est le peintre par excellence de la mer du Nord, comme Ziem est celui de l'Adriatique. Tous les deux comprennent et rendent les scènes maritimes avec une égale supériorité. Il n'y a pas d'effet qui ne leur soit familier : les tonalités si changeantes de la mer, l'accord du ciel et des eaux, leur transparence si variable, tout cela n'est pour eux qu'un jeu. M. Clays fait voguer sur l'Escaut ses lourds bateaux hollandais aux flancs rebondis, avec la même vérité, sinon avec la même désinvolture qu'ont les gondoles et les felouques de M. Ziem, quand celui-ci les fait glisser sur les eaux du grand canal de Venise. Nous voudrions voir au musée du Luxembourg une des vues de l'Escaut de M. Clays, mise en regard de la vue de Venise de Ziem. Comme ces deux maîtres se feraient valoir mutuellement! Et combien il serait intéressant de comparer ces deux talents aussi consciencieux l'un que l'autre dans la représentation de deux mers et de deux ciels si différents!

M. Clays expose trois tableaux. Le plus important est la *Tamise aux environs de Londres*, n° 459. L'atmosphère brumeuse de la grande cité est parfaitement rendue. Les eaux troubles et toujours agitées du fleuve sont sillonnées dans tous les sens par de grands navires, des barques et des bateaux à vapeur; au fond, et grâce à une éclaircie momentanée, on entrevoit dans le brouillard l'arche d'un pont, et un peu à droite le dôme de Saint-Paul. C'est bien là la vie et le mouvement propres à la Tamise; on voit les bateaux *rouler* et s'avancer sur les eaux du fleuve. Sous le pinceau de M. Clays, le navire devient ce qu'il est réellement, une chose animée, presque un *être*. Il en connaît exactement la structure; il n'y a pas un détail, pas un cordage qui ne soit parfaitement à sa place. On sent qu'il a vécu de la vie de marin et qu'il a conservé l'amour du métier.

Sur l'Escaut, n° 461, la scène change :

les eaux sont profondes et tranquilles; les navires remontent ou descendent lentement le fleuve sous une faible brise et par un soleil radieux.

Mais le tableau que nous préférons est le n° 460 : *Calme par un temps orageux, en Hollande*. L'impression est d'une vérité frappante et saisit vivement le spectateur. Nous sommes à l'heure la plus chaude de la journée, par un de ces calmes plats qui précèdent l'orage. Les navires sont immobiles et se reflètent dans l'eau transparente ; les voiles pendent ; il n'y a pas un souffle d'air. A droite, les nuages noirs s'amoncèlent, l'orage se forme. Sur le rivage bas et saillant à peine hors de l'eau, un moulin à vent se profile sur l'horizon assombri. Tout est dans l'attente et frappé d'immobilité, le premier coup de tonnerre ne tardera pas à éclater.

Dans ces trois tableaux, si vrais et si variés d'aspect, M. Clays se montre l'égal et le continuateur des grands maîtres hollandais et flamands. Guillaume Van de Welde n'a jamais *trouvé d'effet plus juste* que celui du *calme précédant l'orage*.

M. Mesdag a deux bons tableaux au Salon : un *Chantier à Groningue*, n° 1461, et un *Lever de soleil sur les côtes de Hollande*, n° 1462. Toutefois, nous devons remarquer que nous ne trouvons pas dans ces deux tableaux la franchise de ton et la solidité de procédé qui existaient dans les toiles de ce même peintre au Salon précédent.

Les trois marines de M. Lansyer ont, comme toujours, une grande allure. Les

Rochers d'Arvéchen (Finistère) à marée basse, n° 1214, sont un magnifique site dont l'aspect rude et sauvage fait impression. L'*Anse de Plomac'h (Finistère)*, n° 1226, a des qualités analogues. Nous aimons beaucoup moins la *Marée montante à Ploumanac'h (Côtes-du-Nord)*, n° 1225, qui a des qualités comme composition, mais dans laquelle les eaux sont d'une tonalité fausse et lourde.

Un très beau tableau que celui de Mme La Villite, *la Marée montante près de Lorient (Morbihan)*, n° 1263. La mer est calme, et son mouvement ne se traduit que par les longues lames de la marée montante, avançant doucement sur la grève. L'eau bléue est ridée par une faible brise, et brille comme de l'argent sous les rayons du soleil. L'artiste a rendu cet effet si difficile à saisir avec une conscience et une vérité dignes des plus grands éloges. Les deux autres tableaux, *la Marée basse après la pluie, près de Lorient*, n° 1264, et le n° 1265, *Rue des Teinturiers à Arras*, sont également deux bons tableaux, mais d'un moindre intérêt.

M. Wahlberg expose un grand tableau d'un aspect très osé, presque étrange, et auquel l'œil a besoin tout d'abord de s'habituer. *Une nuit d'août à Winga, à l'entrée de l'archipel de Gothembourg (Suède)*. L'éclat mystérieux des flots sous la lumière de la lune est rendu avec vérité et, faut-il le dire, avec un peu de monotonie dans toute l'étendue de cette toile; mais nous ne pouvons accepter le ciel bleu frangé de roux ou roux frangé de bleu que M. Wahlberg a mis au-dessus de sa mer. Il ne se modèle pas et n'a aucune profondeur. En dépit de cela, le tableau impressionne.

Les bouleaux, aux environs de Stockholm, n° 1981, du même peintre, sont bien traités, mais d'une facture maigre, *égratignée* pour ainsi dire. La peinture de M. Wahlberg gagnerait singulièrement à être un peu moins travaillée.

L'embouchure de la Meuse, n° 1154, de M. A. de Knyff, est un des beaux tableaux du Salon. Il est impossible de rendre les eaux et le ciel avec plus de finesse et de transparence.

Le jardin d'A. Stevens, n° 1153, du même artiste, est d'un très joli ton, mais les deux figures qui l'animent et la corbeille de fleurs sont traitées trop sommairement, trop brutalement même et font tache dans l'ensemble de ce tableau.

M. Castan a deux fort belles marines. *La marée basse aux environs de Trouville* (Calvados), n° 371, est une très belle étude de roches. *La marée haute à Villerville* (Calvaldos), n° 372, présente également de très belles qualités de composition et de couleur.

Terminons enfin en citant deux intéressants tableaux de M. Appian: *Avant l'Orage, port de Monaco,* n° 30, et *Un canal aux Martigues,* n° 31.

7

Les peintres d'animaux et de natures mortes

Dans ce genre M. de Vuillefroy tient la corde cette année. Son tableau de la *Rue d'Allemagne, à la Villette*, n° 1978, est un des succès du Salon. Un troupeau de grands bœufs nantais, au pelage fauve, tout effarés par le bruit de la rue, est poussé quelque peu brutalement vers l'abattoir. La donnée est fort simple, et M. de Vuillefroy en a tiré un excellent parti. Cela est du bel et bon réalisme. On éprouve un sentiment de tristesse à regarder ces pauvres animaux au regard tranquille et doux, se pressant les uns contre les autres, et paraissant presque se douter du sort qui les attend. Les qualités de facture et de dessin sont excellentes. La couleur est très sobre et très vraie. C'est là un talent solide et consciencieux. Nous aimons moins le second tableau : *Un franc marché en Picardie*, n° 1979. L'imitation du *Marché aux chevaux* de Rosa Bonheur y est trop visible, et ce tableau n'a pas la personnalité du premier.

Les pâturages de M. Van Marcke sont d'excellents tableaux, d'une largeur de touche et d'une vigueur de coloris qui méritent les éloges de tous les amateurs de bonne et franche peinture. Cet artiste n'a que deux choses contre lui : c'est de venir après Troyon, son maître, et de n'avoir pas au même degré que lui les fines qualités de coloris qui placent ce grand artiste au rang des premiers paysagistes de son temps. Les ciels et les fonds des tableaux de M. Van Marcke manquent souvent de légèreté. En revanche, ses animaux sont fortement charpentés, toujours très bien dessinés et d'une couleur vraie et chaude.

Le n° 1923, *Un pré communal en Normandie*, nous semble le mieux réussi de ses trois tableaux. Il y a dans cette composition une grande harmonie de tons. La même qualité existe du reste, mais à un moindre degré, dans les deux autres, *La rivière morte, à Tréport (Seine-Inférieure)*, n° 1924, et *Un pont sur la Bresle (Normandie)*, n° 1925.

M. Barillot s'annonce aussi comme devant marcher sur les traces de Troyon. Pourtant, son talent lui est bien personnel. Le *Marais de Criqueville (Calvados)*, n° 86, est très réussi. Les animaux sont bien dessinés, et le paysage a aussi des qualités, quoiqu'il y ait lieu de supposer chez l'artiste, pour cette partie du tableau, un peu plus d'incertitude dans le pinceau que pour les animaux, qui sont traités magistralement.

M. Veyrassat soutient dignement sa réputation. Ses trois tableaux : l'*Abreuvoir*, n° 1946, les *Charrettes à pavés dans la forêt de Fontainebleau*, n° 1947, et le *Puits*, n° 1948, sont d'une tonalité très gaie et très vraie en même temps. La peinture de M. Veyrassat est pleine d'entrain et réjouit l'œil. Il s'attache à peindre consciencieusement le cheval de travail, et sait parfaitement le faire valoir par les milieux où il le place et la vérité d'allures qu'il excelle à lui donner.

M. Othon de Thoren n'a pas non plus dégénéré ; ses scènes hongroises sont toujours aussi intéressantes et aussi bien peintes qu'autrefois. *La Séparation*, nº 1884, est une excellente étude et une scène champêtre prise sur le vif. *Son troupeau* et ses *Voleurs de bœufs* (Hongrie), nᵒˢ 1885 et 1886, sont aussi fort bien peints, quoique dans des tonalités un peu lourdes parfois.

Nous n'avons pas d'éloges à donner à M. Schenck, dont l'exposition nous semble cette année très inférieure à celles des années précédentes. *Mon parapluie ! souvenir d'Auvergne*, nº 1816, représente un troupeau de moutons mis en fuite par un parapluie ouvert entraîné par le vent. Le sujet est drôle, et les moutons ont l'air suffisamment effrayés. Mais les choses drôles lassent bien vite, quand elles ne sont pas soutenues par une exécution irréprochable, et cela n'est pas le cas ici. Les moutons manquent complètement de mouvement, malgré les efforts qu'ils font pour se sauver, et semblent avoir été étudiés sur des moutons posés sur ressorts, les quatre pattes étendues, comme on en voit dans les petites bergeries qui font la joie des enfants. Pour compléter l'illusion, M. Schenck les représente admirablement peignés et frisés. Son second tableau, *Un champ de chaume, souvenir d'Auvergne*, nº 1817, représente des moutons debout dans un champ, où il pourrait être dangereux pour eux de se coucher, tant les chaumes ont un aspect menaçant, et quelque peu semblable à celui que présenterait un champ de bayonnettes.

Les moutons de M. Vayson, au contraire, dans sa *Gardeuse de moutons*, n° 1,930, sont charmants d'allure et parfaitement dessinés. Très jolie aussi la jeune bergère qui les garde, et qui a l'air d'être au mieux avec son troupeau, à en juger par le petit agneau qui s'appuie sur elle; le chien est à quelques pas, regardant sa maîtresse, et des bergeronnettes, perchées sur la laine des moutons, y cherchent leur pâture. Tout cela a l'air de ne former qu'une seule famille. La scène se passe dans une gorge de montagnes; c'est un charmant petit poëme.

M. Segé expose un fort beau tableau, n° 1837, *les Chaumes (Eure-et-Loir)*. Paysage et animaux y sont traités de main de maître ; beaucoup de lumière et beaucoup de vérité dans cet ensemble. C'est bien là la Beauce, et quand bien même le double clocher de la cathédrale de Chartres n'apparaîtrait pas dans le lointain, comme l'a peint M. Segé, on ne s'y tromperait pas.

M. Jadin a mis au Salon trois jolis portraits de griffons et de terriers, de physionomies très amusantes ; M. Hermann-Léon deux magnifiques *Chiens de Vendée, Galendor et Castillo*, n° 1043, d'une belle et large facture et d'un dessin irréprochable. Très bien peint aussi, le *Relai de chiens* de M. A. Lafond, n° 1184.

M. de Penne a, cette année, une fort jolie exposition. Ses trois tableaux : *Chiens normands*, n° 1609, *Chiens de Saint-Hubert*, n° 1611, et surtout le *Cerf forcé, tenant les abois*, n° 1610, montrent l'artiste doublé du chasseur passionné. L'hallali debout du cerf est parfaitement traité. Le cerf est bien forcé, et les chiens qui l'entourent ont l'aspect très juste d'une meute qui vient de donner pendant plusieurs heures. Tout cela est dessiné avec précision et d'une bonne couleur.

M. Gélibert nous montre aussi des scènes de chasse fort intéressantes dans ses tableaux : *Spunkee, épisode de chasse en Ecosse*, n° 888, son *Hallali de Cerf dans les mares de Bellecroix, forêt de Fontainebleau*, n° 889. Mais nos préférences sont pour un charmant petit tableau du même artiste, intitulé *Nouvelles connaissances*, n° 890. Dans une écurie où se trouvent quelques chiens bassets, un âne passe sa tête par dessus une séparation en planche. Grand émoi parmi les chiens, qui font vacarme autour de cette tête, qui leur semble la tête de Méduse. Le calme du baudet, qui ne s'étonne pas pour si peu, et la terreur comique des chiens sont très heureusement et très spirituellement rendus. La couleur de ce petit tableau est excellente.

Très spirituels aussi, comme à l'ordinaire, les tableaux de M. L. Lambert. *L'envoi*, n° 1205, représente un panier rempli de petits chats avec une adresse sur la paroi du panier. Ces petits animaux, la tête et les pattes hors de leur prison, témoignent par leurs miaulements désespérés, qu'on entend presque, de l'envie démesurée qu'ils auraient d'être dehors. *Jack, Sam et Shot*, n° 1203, et surtout *l'Ennemi*, n° 1204, sont charmants aussi d'esprit, et d'habileté de pinceau.

M. Monginot est très amusant dans ses *Amis de la maison*, n° 1491. Les amis de la maison sont des *macaques* qui mettent une étagère au pillage et se lancent à la tête des fruits et des assiettes de faïence de Nevers et de porcelaine de Chine.

M. Monginot a toujours son excellente facture, si bien employée par lui dans la peinture décorative. Son *Coq mort*, n° 1493, est aussi très bien peint, mais n'offre pas grand intérêt.

M. Monginot a exposé en outre un magnifique *Roi Mage*, n° 1492, qui est pour les yeux un vrai régal de couleurs.

M. Rousseau nous montre *Le loup et l'agneau*, n° 1753, qui n'est pas digne de son beau talent, et *Les fromages*, n° 1754, nature morte d'une couleur et d'une vérité parfaites.

Un débutant, M. Bergeret, expose une excellente nature morte, la *Langouste*, n° 164. Les huîtres, la langouste et les ustensiles qui composent ce tableau sont aussi bien peints que possible.

M. Vollon n'est pas heureux quand il sort tant soit peu du domaine des *natures mortes*. Il possède une couleur éblouissante, mais l'insuffisance de ses figures est notoire et vient gâter ses meilleures études. C'est ainsi que dans ses *Armures*, n° 1975, qui sont admirablement peintes et ciselées, la figure de l'homme qui les montre dépare tout le tableau. Quant à son autre tableau, le *Cochon*, n° 1974, il n'est pas digne de M. Vallon d'exposer des *pochades* aussi lâchées.

Citons encore les panneaux décoratifs très remarquablement peints par Mme Escallier pour le palais de la Légion-d'Honneur, et son *Panier de muguet;* les trois tableaux de M. Eugène Claude, les *Pavots* de M. Brunner-Lacoste, les *Fruits* de M. Maisiat, le *Souvenir* et les *Raisins* de Mme Muraton, et aussi une *Seille de raisins* et les *Raisins* de M. Bavoux, qui rend admirablement la transparence et le velouté de ce fruit, et abordons enfin la peinture de genre, si largement représentée au Salon de 1875.

Les Peintres de genre.

Nous ne savons par qui commencer. S'il est vrai de dire qu'en France l'esprit court les rues, on pourrait ajouter que le talent en fait autant. La peinture de genre est une *industrie* qui s'est développée depuis quelques années dans des proportions incroyables. Jamais plus de talent et plus d'esprit n'ont été dépensés, et jamais, malheureusement, le niveau général de la peinture, si nous en exceptons notre magnifique école de paysagistes, n'a été plus bas. Quelques exceptions heureusement se dégagent de ce triste ensemble de productions vulgaires, où l'art entre pour si peu, que la profession de peintre est devenue

une industrie, comme nous venons de le
dire, une sorte de fabrique exploitée par
une foule de marchands, qui font et dé-
font les réputations, et dont quelques-uns
même sont arrivés à avoir assez d'influence
près des membres du jury pour faire donner des médailles à peu près à qui ils veulent, et naturellement aux peintres avec
lesquels ils ont des marchés passés antérieurement. Aussi voyons-nous généralement dans la distribution des récompenses
les médailles attribuées pour la plus grande
partie à la peinture de genre, alors que le
grand art devrait tout primer. Nous reviendrons, du reste, à cette question lorsque nous essaierons de faire l'appréciation
des œuvres récompensées, à la fin de la
critique de ce Salon.

Nous devons citer en première ligne le
charmant tableau de M. Leloir, *La Fête du
Grand-Père*, n° 1327. M. Leloir a craint de
traiter ce sujet avec des costumes modernes ; nous croyons pourtant qu'il n'y eût
rien perdu ; et il nous paraît que nos costumes actuels présentent plus de ressources que les peintres modernes ne le croient.
Quoi qu'il en soit, M. Leloir a habillé ses
personnages avec des costumes de la fin du
XVIe siècle. A gauche du tableau, le grand-
père, assis sur un large fauteuil, derrière
lequel se tient son majordome, reçoit les
vœux de ses enfants et petits-enfants, qui
arrivent à la file. A droite, un valet empêche la domesticité d'entrer. Cette composition est remplie de détails charmants, et
chaque figure concourt, par sa pose et sa

7.

physionomie, à rendre la scène bien vivante. C'est une ravissante petite fille de trois ou quatre ans qui ouvre la marche et qui, montée sur un tabouret aux pieds du grand-père, se laisse embrasser par lui. Sa physionomie est charmante; le vieillard maintient cette petite tête de la main droite et l'embrasse avec effusion, non sans que l'enfant ne se détourne à demi, en ayant l'air de dire que la barbe blanche du grand-père *pique un peu*. Le majordome contemple cette scène en vieux serviteur de la famille, d'un œil d'admiration et d'attendrissement; quelques jeunes femmes et jeunes filles viennent ensuite; l'une d'elles attire par la main un jeune garçon tenant un énorme rouleau, où se trouve sans doute le compliment écrit par lui pour le grand-père; la timidité l'empêche d'avancer. Enfin, derrière ce groupe se trouvent les domestiques, dont le tour viendra après, et qui se haussent sur la pointe des pieds pour ne rien perdre des détails de cette petite fête.

M. Leloir a parfaitement habillé ses personnages, qui n'ont pas l'air de comparses de théâtre. Leurs vêtements leur tiennent bien au corps. De plus, il y a de la couleur dans cette composition et des finesses de ton exquises. Le dessin est très serré et précis.

Un charmant tableau aussi que celui de M. Adrien Moreau, *Une Noce au Moyen-Age*, nº 1502. La physionomie de la mariée est très fine; les joueurs de cornemuse qui précèdent sont aussi fort bien traités. Nous aimons moins la *Représentation japonaise* du même artiste, n° 1500, qui a aussi des qualités de facture, mais qui n'offre pas grand intérêt.

Nous avons déjà parlé de la figure de grandeur naturelle qu'a exposée M. Jacquet et qu'il a intitulée *Rêverie*, n° 1101. Nous lui avions prédit un succès de Salon, et notre prédiction s'est réalisée outre mesure. Cette figure, comme celle de M. Goupil, dont nous parlerons tout à l'heure, est plutôt une étude qu'un tableau proprement dit, mais c'est une ravissante étude. Dans un grand fauteuil, une jeune fille, posée de face par rapport au spectateur, enveloppée dans une robe de chambre en velours rouge, se *pelotonne* dans sa rêverie. Le titre est bien justifié. La pose est très vraie et très gracieuse. On a reproché à M. Jacquet quelques lignes de draperies prétendues malheureuses, entre autres celle qui accompagne la cuisse ; cette critique n'est pas fondée ; la ligne est juste et était commandée par la nature même de l'étoffe, qui présente plus de raideur que toute autre. La physionomie de la jeune fille est souriante, rêveuse et malicieuse tout à la fois. La main qu'elle porte à son cou est très bien modelée et bien dans l'esprit de toute la figure.

En résumé, il y a dans cette étude de très sérieuses qualité de couleur et de modelé. Nous espérons que M. Jacquet ne tombera pas par la suite dans les tons *marmoréens* qu'affectionnent généralement les élèves de M. Bouguereau.

Les deux autres tableaux du même artiste, *Halte de Lansquenets*, n° 1102, et *Vedette*, n° 1103, sont très inférieurs à sa *Rêverie*. Les lansquenets, sauf deux ou trois figures assez bien traitées, entre autres celle d'un jeune garçon, sont des *modèles* qui ont successivement revêtu des armures ou trop grandes ou trop petites pour leur taille. C'est un bric-à-brac ambulant, sans mouvement et sans vie. La *Vedette* est aussi un lansquenet fort insignifiant.

C'est aussi au point de vue d'une grande étude que nous pouvons apprécier la *Merveilleuse de* 1795, de M. Jules Goupil, n° 957. Le costume manque peut-être d'une exactitude rigoureuse; mais le satin en est parfaitement rendu. La tête a du caractère et est bien modelée. Nous n'aimons pas beaucoup la main gauche, dont le dessin est mou. Le chapeau est monumental et crânement posé. Le fond est bien insuffisant; mais il faut répéter que ce tableau n'est qu'une étude. L'*Intérieur d'atelier*, n° 958, du même artiste, est aussi très étudié; les costumes sont modernes, mais nous trouvons que les têtes des jeunes femmes, amateurs de peinture, qui composent ce tableau, manquent complètement de distinction.

M. Firmin Girard est plus éblouissant que jamais; trop éblouissant même, car son coloris fatigue réellement la vue par sa trop grande intensité. Le *Jardin de la marraine*, n° 926, et les *Premières caresses*, n° 927, sont deux compositions bien modernes, dans lesquelles la toilette féminine joue un rôle prépondérant. Les figures de

M. Girard ne supporteraient pas d'agrandissement, elles ne sont pas modelées ; ses têtes n'ont ni os, ni muscles, et leur dimension seule atténue quelque peu le manque de dessin. Les accessoires sont mieux traités que le principal. Tous les détails du costume sont peints avec un soin extrême et avec un relief uniforme qui ne laisse pas que d'être fatigant. Dans le *Jardin de la marraine*, la petite fille vêtue de blanc est gentiment posée et d'un joli ton ; les deux jeunes femmes sont gracieuses et, en résumé, l'ensemble ne manque pas de charme. Les chrysanthèmes que cueille la *marraine* sont bien peints, mais créent autant de points lumineux qui distraient la vue. Le même reproche est à faire au second tableau, qui, à côté de parties bien traitées, présente dans les fleurs et les étoffes des violences de couleur qui *tirent l'œil* d'une manière gênante.

M. Pille est un fin coloriste ; il contraste avec M. Firmin Girard par la *discrétion* de son coloris, et tombe quelquefois dans l'excès contraire. On souhaiterait de temps en temps quelques touches un peu plus éclatantes dans ses toiles. Ses tons de chair sont ternes, et je ne crois pas qu'il soit possible à M. Pille de peindre un visage frais et jeune. La *Lecture du décret du 24 février 1793 en Bretagne,* n° 1645, est un bon tableau. Le type armoricain y est bien observé et fidèlement rendu. Les Bretons écoutent attentivement, et à travers l'impassibilité qu'ils affectent on sent percer l'esprit traditionnel d'indépendance.

Très joli aussi le *Marché à Anvers*, 1646 ; les choux y ont une transparence et une finesse de tons charmante. Les ménagères sont moins heureusement peintes ; elles ont des tons de chair indécis et terreux, qui sont en désaccord avec la fraîcheur et la vérité de coloris de tous les accessoires. Les *Vieilleries*, nᵒ 1647, du même peintre, sont bien nommées. Tout est vieux et désagréable à regarder dans ce tableau, à l'exception des objets d'art, qui sont bien peints. Mais les personnages sont par trop parcheminés et ridés, et ont l'air malpropre sous les oripeaux dont les a affublés M. Pille.

M. Adan expose un charmant tableau, un véritable régal d'amateur, qu'il intitule : *Le dernier jour de vente*, nᵒ 6. Tout y est d'une finesse extrême, types, dessin et coloris. Les personnages sont habillés à la mode de 1780. C'est la fin de la vente du mobilier d'un grand hôtel ; acheteurs et acheteuses examinent les derniers *bibelots* ou ustensiles déposés sur une table ornée d'un commissaire-priseur et d'un crieur. Toute cette composition dénote une observation très fine et beaucoup de science de dessin et de couleur ; mais, franchement, le sujet n'est pas bien intéressant, et nous espérons que M. Adan nous fera bientôt voir, sous la forme exquise qu'il sait si bien donner à ses créations, quelque chose de plus émotionnant que son *Dernier jour de vente*.

M. Lagye a envoyé deux tableaux au Salon, dont l'un surtout a une saveur forte

et originale qui contraste avec les miévre-
ries à la mode. Nous voulons parler de ses
Zingari devant Anvers, n° 1193. A gauche
du tableau, un jeune zingaro, posé de profil
et adossé au parapet d'un pont, joue du
violon. Au centre est assise une charmante
petite bohémienne à la chevelure noire
ébouriffée et au costume pittoresque; sa
mandoline à ses pieds, elle rêve sans doute
aux steppes natales, pendant que sa compagne, vue de dos et accoudée sur le pont,
regarde les fortifications de la vieille cité
d'Anvers, qui se développent dans le fond
du tableau. Sa pose est pleine de souplesse
et de naturel. Chacune de ces figures est
soigneusement étudiée et irréprochablement posée. La couleur de M. Lagye est
vraie et robuste. Ce tableau est assurément
un des plus originaux et des plus charmants du Salon. Il est fort regrettable qu'il
ait été si mal placé jusqu'au remaniement.
Le second tableau du même peintre est
beaucoup moins important; il nous montre une *Marchande d'oiseaux*, n° 1194. Cette
fois-ci, c'est une jeune fille grecque. Elle
présente les mêmes qualités de facture que
les *Zingari devant Anvers*, mais n'a pas
leur originalité. M. Lagye soutient dignement la réputation de l'école moderne an-
versoise, dont Leys a été le chef, et nous
espérons que la maladresse dont on a fait
preuve à son égard, en plaçant si mal ses
deux tableaux au début de l'Exposition,
ne le dégoûtera pas d'envoyer dorénavant
ses œuvres au Salon.

M. Vibert est bien loin de sa *Réprimande*

de l'année dernière. Son interprétation de la *Cigale et la Fourmi*, n° 1951, est mauvaise et inconvenante; elle n'atteint pas , du reste, l'effet spirituel auquel elle prétend. De plus, l'exécution est relativement faible. M. Vibert nous a habitués à mieux que cela. La scène se passe en hiver. Sur le chemin couvert de neige du couvent, un pauvre hère, musicien ambulant portant sa guitare en bandoulière, pourpoint et haut-de-chausses troués au coude et aux genoux , demande la charité à un gros moine au teint apoplectique, chaudement emmitouflé dans sa robe de bure. Dans le fond du tableau on voit des provisions de toutes sortes portées vers le couvent.

> Vous chantiez, j'en suis fort aise;
> Eh bien, dansez maintenant.

Les gestes et les expressions de figure des deux personnages traduisent exactement cette phrase; ce gros moine faux et boursoufflé ne se modèle pas , au moins quant à la tête, et le tout est très faible de dessin.

Nous préférons le second tableau, le *Repos du peintre*, n° 1952. Une sorte de M. Jourdain en costume Louis XIV fait faire son portrait. Il s'est endormi dans sa pose, et le peintre profite de ce moment de répit pour embrasser la servante dans le fond du tableau. Sur un chevalet se trouve le portrait ébauché; c'est là qu'est l'esprit vrai de la composition. A la place du vulgaire et gros personnage aux poings carrés, endormi sur sa chaise, on voit sur la

toile un gentilhomme majestueusement
drapé, souriant noblement et étalant sur
son manteau la plus belle main du monde.
Ce contraste est réellement très comique;
nous retrouvons là un petit coin du Vibert
que nous connaissons.

M. Viger a exposé, sous ce titre : *Pendant la neuvaine de Sainte-Geneviève, janvier
1874*, n° 1957, un bon tableau, quoique un
peu sec, mais dont les figures sont étudiées
avec soin, et pour la plupart heureusement
posées. La scène se comprend facilement.
La messe vient de finir. Un prêtre, l'étole
étendue au-dessus d'un groupe de fidèles à
genoux au pied de la châsse de Sainte-Geneviève, donne la bénédiction. Une jeune
fille allume un cierge en l'honneur de la
sainte ; un autre prêtre, précédé du suisse,
se dirige vers la droite du tableau. La donnée est très vraie et très consciencieusement
rendue. N'était la sécheresse de la touche,
ce tableau serait un des meilleurs du Salon.

Un bijou que le petit tableau de M. Leo
Herrmann : *A bout d'arguments*, n° 1042.
Deux prêtres, dont l'un est évidemment un
ancien aumônier militaire, à en juger par
sa croix et sa tournure martiale, cache
derrière son dos un numéro déployé du
Figaro, et prend en souriant une prise dans
la tabatière que lui tend un confrère à l'air
doucement narquois, qui vient sans doute
de rétorquer ses derniers arguments. La
scène se passe à côté du mur d'enceinte de
l'Hôtel des Invalides, dont on aperçoit le
dôme. Il y a un esprit infini et de bon aloi
dans cette charmante petite peinture, dont

les plus fins détails sont traités avec une délicatesse exquise.

Très amusant aussi ce bon curé de M. Herlin, qui tapotte doucement sur son baromètre, pour voir s'il peut sortir sans crainte du mauvais temps. Ce tableau est intitulé l'*Heure de la promenade*, n° 1039. M. Herlin expose depuis longtemps de charmantes compositions dont le mérite est indiscutable. Comment se fait-ils qu'elles passent inaperçues devant le jury ? Un autre tableau du même artiste mérite qu'on s'arrête devant lui : *Vision, un vendredi saint, chez les Dominicains*, n° 1037. « A leur table, la place d'honneur est réservée à Jésus-Christ; » des Pères Dominicains sont assis autour d'une table dans leur réfectoire. La place de l'abbé n'est pas occupée, et une vive lumière y resplendit. Tous les Pères semblent engourdis dans une sorte d'extase; on sent chez eux la fatigue des jeûnes de la semaine-sainte. Ce petit tableau est plein de recueillement et de sentiment vraiment religieux. M. Herlin a su tirer un excellent parti des tons uniformément blancs et noirs du costume des Dominicains et des murs du réfectoire, et pourtant, malgré cette sobriété d'effets forcée, sa couleur est chaude et lumineuse.

Le *Frère Barbier*, n° 1559, de M. Léon Olivié, est aussi un bon et amusant tableau. Un Père Franciscain, d'apparence confortable, se livre au rasoir du Frère barbier, tout entier à sa besogne. Un chat, irrévérencieusement assis sur le journal l'*Univers*, que le Père a laissé glisser de ses genoux, contemple gravement le groupe. M. Olivié a très finement dessiné cette petite scène.

Plein de sentiment le tableau du *Vieux Huguenot*, nº 21, de M. Anker. Un vieillard assis sur son lit, les mains jointes, écoute avec recueillement la lecture de la Bible, faite par une de ses petites-filles, qu'une seconde jeune fille écoute aussi. Il y a là-dedans un sentiment religieux très vrai.

La *Journée d'hiver en Hollande*, nº 1146, de M. Kæmmerer, est inférieure à sa *Plage de Schereningen* de l'année dernière. Il n'a pas cette année la franchise de touche et la simplicité de moyens que nous admirions en lui. Ses jeunes femmes hollandaises sont élégantes, spirituellement touchées, mais ont des poses maniérées. Sa couleur s'est modifiée et est entrée dans le procédé moderne hollandais.

La Place de la Concorde, nº 1544, par un temps de pluie, de M. de Nittis, est une spirituelle photographie de la vie parisienne. Nous avons à signaler dans ce domaine une malheureuse incursion de M. Marchal, qui ferait bien mieux de continuer à nous peindre d'honnêtes scènes alsaciennes. *Sa Proie*, nº 1414, représente, dans un cabinet de la Maison-d'Or, une créature fort décolletée et endiamantée qui met la main sur l'épaule d'un jeune homme endormi sur la table. Pauvre lionne! pauvre proie! Le jour commence à poindre entre les rideaux. Des bougies brûlent encore dans un candélabre placé sur la table. L'orgie, si orgie il y a eu, a été fort calme, car elle n'est représentée que par une coupe de champagne et une écorce d'orange ; de plus, le jeune homme, dont la tête rappelle vaguement les têtes en cire des coiffeurs, est d'une tenue irréprochable, le nœud de sa cravate ne s'est même pas dérangé. Tout cela est vide et froid, et M. Marchal parle ici de choses qu'il ne connaît évidemment pas. Nous lui en faisons notre sincère compliment.

M. Delort expose un tableau comprenant un grand nombre de petites figures très finement dessinées : l'*Embarquement de Manon Lescaut*, n° 635. Des chaloupes chargées de jeunes femmes que l'on va déporter, accostent un grand vaisseau de guerre. A l'arrière, quelques officiers supérieurs lorgnent ces malheureuses du balcon du commandant. Nous avouons avoir peu de sympathies pour les infortunes de Manon Lescaut et de son chevalier des Grieux, et malgré le talent de M. Delort, ce sujet nous laisse froid.

M. de Jonghe reste toujours dans la même gamme. Ses tableaux : la *Lettre*, n° 606, et le *Favori*, n° 607, nous montrent toujours les mêmes jeunes femmes plus ou moins bien chiffonnées, dans des occupations toujours pleines d'intérêt pour le spectateur ; tableaux meublant et de bonne vente s'il en fut jamais.

M. Lecomte du Nouy nous montre *Une Lune de miel à Venise au XVIe siècle*, n° 1290, d'une propreté de pinceau admirable, et un *Songe de Cosrou*, n° 1291, tiré des *Lettres persanes*, quelque peu scabreux, et très spirituellement traité d'ailleurs. L'eunuque est admirablement dessiné ; il est impossible de pousser plus loin la précision dans les moindres détails.

Les *Vieux Papiers* et la *Vieille Pipe*, n°s 302 et 303, de M. Brillouin, sont deux tableaux pleins de talent et de bonhomie. Nous les préférons à sa *Mandolinata*, n° 304.

Citons encore les amusants moutards de M. Lobrichon, *Volontaire d'un an*, n° 1381, et le *Spectre rouge*, n° 1382, allusions d'une haute portée politique, qui ont dû faire le bonheur de toutes les *mamans* à l'Exposition ; et *Un instant seul*, n° 1527, autre exploit d'un moutard qui emploie utilement cet instant à remplir de bouillie la montre de son père ; il met à cette grave opération tout le sérieux désirable ; la tête du bambin est d'un naturel parfait. C'est pourtant là l'œuvre de M. Muller, qui a eu l'heureuse idée de descendre un instant de son fauteuil académique pour peindre cette amusante boutade. M. Muller expose en outre : l'*Attente*, n° 1526. Un Arabe, immobile, adossé à une muraille, attend son ennemi pour le poignarder ; et une scène prise dans Shakespeare, la *Démence du roi Lear*, n° 1525, dont l'effet est loin d'être saisissant.

Nous avons déjà parlé du *Héros de village*, n° 1528, de M. Munkacsy, qui a peint cette scène populaire hongroise avec la vérité qu'il sait mettre dans tous ses tableaux du même genre. Il est fâcheux seulement qu'il ne puisse se défaire de ses tonalités trop noires.

M. Sain a adopté un ton de chair couleur de pain d'épice des plus fâcheux ; son tableau n° 1776, *Maccaroni di Sposalizio.* — *Repas de noce chez un paysan de Capri (Italie)*, est un assez bon tableau, malgré le défaut que nous venons de signaler plus haut. Les types sont justes, bien dessinés, mais la vie manque dans tout cela.

Nous n'avons, par contre, que des éloges à donner à une autre scène italienne, celle-là prise sur le vif : *La veille d'une exécution capitale ; souvenir de Rome*, n° 1805, par M. Sautai. Les personnages sont presque tous vus de dos ; ils lisent l'affiche relative à cette exécution, sur le mur qui fait le fond du tableau. Sur la gauche, un pénitent noir, revêtu de la cagoule, présente sa tire-lire aux passants. Les poses variées de ces personnages expriment si bien l'émotion que tous ressentent, qu'il n'y a pas besoin d'y ajouter l'expression des physionomies. Il y a en plus des qualités sérieuses de dessin et de couleur dans ce tableau.

Nous avons déjà parlé de M. Lewis Brown, dont les trois tableaux, tout en conservant les grandes qualités de coloris et la verve que nous sommes habitués à voir chez leur auteur, nous semblent indiquer une tendance à une facture lâchée que nous espérons voir disparaître. *Le voyage interrompu*, n° 313, petite scène traitée avec beaucoup d'entrain, est plus serré d'exécution que ses deux autres tableaux : *Maquignons normands* et la *Maréchaussée conduisant une chaîne de faux-saulniers*. Ce dernier tableau est une excellente ébauche, qui aurait besoin d'être plus poussée.

M. Goubie expose *Un vol de Rivière*, n° 955, et le *Retour d'une chasse aux oiseaux de mer*, n° 956. Nous n'aimons pas le premier tableau, qui manque complétement de mouvement ; tous ces cavaliers qui suivent à cheval le vol de leurs faucons ont l'air d'être autant de comparses habillés en seigneurs. De plus, la tonalité générale de cette peinture est fausse. Dans le n° 956, les groupes de voitures et de chevaux de selle tenus en main sont fort heureusement trouvés ; un poney, dans le groupe de droite, est remarquablement dessiné.

M. Saunier a peint aussi une *Chasse au héron*, n° 1803. Ses personnages sont à pied. Ce n'est pas un talent bien robuste ; mais il a de charmantes délicatesses de pinceau.

M. J. Breton a cette année au Salon un tableau fort admiré généralement. *Les feux de la Saint-Jean*, n° 297. Par une belle nuit de Saint-Jean, des jeunes filles dansent en rond autour de feux d'herbes sèches. Il y a beaucoup de mouvement et d'allégresse dans cette scène rustique. M. Breton a poussé aussi loin que possible la perfection du dessin et l'entente des clairs obscurs. Nous nous permettrons cependant une critique que la valeur réelle de cette œuvre peut du reste annihiler ; nous croyons que M. Breton s'écarte de la poésie vraie des champs, pour courir après nous ne savons quel idéal qui le mènera sous peu à peindre des bergères d'opéra-comique. Nous voudrions voir à côté de son tableau quelqu'une des œuvres si réalistes et si simples, mais si grandioses, de Millet. Les types de M. Breton paraîtront fades immédiatement. Cette réserve faite, nous ne pouvons qu'admirer son tableau, qui est évidemment un magnifique morceau de peinture.

Un élève de M. J. Breton, M. P. Billet, expose deux charmantes études de jeunes filles, intitulées : l'une, *En Hiver,* n° 206 ; l'autre, *Souvenir d'Ambleteuse (Pas-de-Calais),* n° 207, qui nous paraissent plus près de la vérité que les jeunes filles du tableau de la *Saint-Jean,* de son maître.

Une charmante petite idylle que celle peinte par M. Louis Schneider, n° 1823, *Promesses.* Une jeune fille a apporté le repas de midi à un travailleur qui, étendu à ses pieds, lui conte de doux propos. La jeune fille l'écoute en souriant et pose la main sur la tête de son fiancé. Cette petite composition est d'un sentiment exquis ; la tête de la jeune fille est charmante. Le tout est très bien peint.

Après l'école, n° 1881, de M. Victor Thirion, est une jolie étude d'enfant, de grandeur naturelle. Une fillette, heureuse d'être quitte de la classe, s'est couchée tout de son long dans l'herbe et s'amuse à souffler des graines de pissenlit, que les enfants nomment des chandelles. Cette étude nous promet, de la part de M. Thirion, de bons tableaux pour l'avenir.

M. Cogen nous montre des *Pêcheurs de crevettes fuyant le gros temps.* Ces braves gens avancent aussi vite qu'ils peuvent, ayant de l'eau jusqu'à mi-jambe. Simplement et conscieusement peint.

Excellent et défiant toute critique, le tableau de M. Butin, n° 330, *L'attente, le samedi à Villerville (Calvados)*. Sur une estacade, par un gros temps, des femmes de pêcheurs fouillent l'horizon de leurs regards et attendent avec anxiété le retour de la flottille des pêcheries. Voilà du drame vrai, pris sur le vif, et qui vaut mieux que tous les arrangements possibles. La lame, poussée par le vent, vient fouetter l'estacade et les couvrir d'eau salée sans qu'elles y fassent attention. Au centre de la composition, une femme debout tient par la main son petit garçon, qui fait face au spectateur et tourne le dos à la mer. Malgré son jeune âge, il a déjà la compréhension du danger. Cette impression est parfaitement rendue par le peintre. M. Butin a une excellente couleur et le sentiment du vrai.

M. Pabst a une charmante exposition d'Alsaciennes. *Une mariée en Alsace*, n° 1579, nous fait admirer toute une collection de jeunes filles plus jolies les unes que les autres. La *Soupe* et l'*Antichambre*, n°s 1580 et 1581, moins importants, sont aussi très frais d'idée et de couleur. La peinture de M. Pabst est éminemment distinguée.

Très jolies aussi les deux Alsaciennes de M. Lix, qui abritent sous leur grand parapluie rouge un jeune chasseur qui conte fleurette à l'une d'elles. *Quand il y en a pour deux, il y en a pour trois*, n° 1378. Tel est le titre de cette spirituelle composition.

Terminons, enfin, cette revue d'Alsaciennes par la plus jolie de toutes : la *Fiancée*, de M. Weisz, n° 1991. Il est impossible de peindre une plus ravissante figure que celle de cette jeune fille revêtue de ses atours, souriant et rougissant devant son miroir, en écoutant les compliments que lui adresse l'amie qui l'a aidée à se parer. Il est fâcheux que les fonds de ce tableau soient peints dans des tons faux qui déparent l'ensemble.

M. Lhermitte a peint un des meilleurs tableaux de genre religieux du Salon : *Le Pèlerinage à la Vierge-du-Pilier*, n° 1371. Toutes ses paysannes sont parfaitement dessinées et portent sur leurs physionomies et dans leurs poses l'expression de la foi profonde qui les anime. Voilà du bel et bon réalisme. La couleur de ce tableau est aussi très juste.

M. Castiglione expose des tableaux *à costumes;* nous ne trouvons pas d'autre expression pour les qualifier. Il semble que ce soient des mises en scène théâtrales, dans lesquelles, à l'exception de deux ou figures (les premiers rôles), assez bien habillées, tout le reste n'est que comparses revêtus de défroques prises chez le costumier. On sent que tous ces vêtements-là n'ont pas été faits pour ceux qui les portent.

Le *Château de Haddon-Hall, Derbyshire (Grande-Bretagne), au moment où les soldats de Cromwell l'envahissent*, n° 378, est le meilleur des trois tableaux de M. Castiglione. Le vieux *cavalier* que les soldats viennent arrêter et le capitaine qui les commande sont les deux premiers rôles. Ceux là sont bien étudiés et présentent une opposition de caractère et d'allure bien tranchée.

Le second tableau, *Une visite chez l'oncle cardinal — Frascati, près de Rome*, n° 379, n'offre aucun intérêt. Les costumes sont criards de ton et les types n'ont pas de caractère.

Le troisième tableau enfin, *Entre trois Larrons*, n° 380, est une réédition des brigands légendaires de Salvator Rosa, jouant les dépouilles d'un seigneur qu'ils viennent de dévaliser. — Le reproche général qu'on peut faire à la peinture de M. Castiglione est l'abus de couleurs éclatantes qui ont toutes les peines du monde à s'harmoniser entre elles. Nous croyons, du reste, que cet artiste n'a pas dit son dernier mot.

Le *Bayard et les jeunes filles de Brescia*, n° 194, de M. Beyle, affecte les allures d'une peinture historique. « Tous les jours, » pendant sa convalescence, Bayard devi- » sait gaiement avec les jeunes demoi- » selles ou les priait de faire de la musi- » que ; mais il sut jusqu'à la fin respecter » leur innocence. » C'est un sujet de genre traité dans de trop grandes dimensions ; Bayard, tel que l'a peint M. Beyle, a un aspect mélancolique qui ne rend pas le texte cité plus haut. Les deux jeunes filles qui font de la musique devant le chevalier sont gentilles de mouvement. Les costumes sont bien étudiés et la couleur générale est bonne.

Une charmante composition que celle de M. Bischoff, n° 210 : *La rentrée au séminaire de Sion (Suisse) après la promenade du soir*. Les jeunes séminaristes, par groupes espacés les uns des autres, gravissent lentement la montée qui conduit au séminaire. Ils sont très bien posés et dessinés, et le tout est peint simplement et avec beaucoup de vérité. Il se dégage de cette composition une mélancolie douce et tranquille et un charme extrême.

Très jolie aussi, et pleine de fins détails, *l'Ambulance privée pendant le siége de Paris*, n° 1350, de M. S. Le Roux. Les physionomies y sont traitées avec une vérité frappante. C'est un ravissant tableau d'intérieur.

M. Compte-Calix est toujours le peintre élégant et spirituel que nous connaissons. Dans *Un petit chemin qui mène loin*, n° 497, il nous montre un jeune homme et une jeune fille, vus de dos au bras l'un de l'autre et s'engageant dans une allée sombre d'un bois. Tous deux sont élégamment vêtus de costumes Louis XV; la jeune femme est remarquablement bien dessinée. Le jeune homme porte une boîte de botaniste en bandoulière; mais on devine, à la manière dont il se penche vers sa compagne, qui détourne à demi la tête pour cacher son trouble, que la botanique jouera un rôle très secondaire dans cette promenade.

« *Où diable vont-ils ?...*, » n° 498, c'est ce que dit une autre jeune femme qui regarde curieusement, par la porte entr'ouverte d'un enclos, probablement nos amoureux de tout à l'heure qui s'éloignent. C'est encore très bien dessiné et très fin d'observation, y compris le petit chien qui se tient derrière sa maîtresse.

Et enfin le n° 499 du même artiste : « *Bonne nuit, voisin !* » qui ne le cède en rien comme esprit aux deux autres.

Nous quittons l'élégant et raffiné XVIII° siècle pour tomber en pleine époque bourgeoise contemporaine. M. Simon Durand nous fait assister à une scène toute moderne. *Un mariage à la mairie*, n° 742. — *L'époux se fait attendre !...* La mariée, assise sur un fauteuil en face du bureau de M. le maire, tourmente, pour se donner une contenance, les fleurs de son beau bouquet de mariée ; on devine à son air boudeur qu'elle se vengera ; toute la famille est rangée derrière elle sur les banquettes municipales et en proie à la plus vive irritation. Seul, un petit cousin placé tout à fait en arrière sourit sournoisement ; quelques commères se font part de leurs impressions. Pendant ce temps, le maire, ceint de son écharpe, se chauffe tranquillement au poêle, et un vieux gardien municipal s'arrache de la lecture de son journal pour jeter un coup d'œil sur la salle, où une discussion s'engage entre le père exaspéré et un huissier de la mairie, qui témoigne par sa pose qu'il n'entend nullement être responsable du retard du marié. Toute cette petite scène est bien dessinée, bien peinte et est destinée à avoir le plus grand succès parmi la petite bourgeoisie

8.

parisienne, qui se reconnaîtra certainement là-dedans.

Un bout de conduite, n° 743, du même
artiste, est fait par de bons gendarmes à
des saltimbanques suivis de leurs femmes,
enfants, et de leurs ours tenus en laisse;
un élégant pick-pocket, le monocle dans
l'œil, est attaché par le poignet à un autre
pauvre diable; tout cela représente le ré-
sultat d'une razzia dans une foire. La bien-
veillance paternelle de l'autorité leur réserve un gîte, et pour le gagner, ils che-
minent sur une route couverte de neige et
sous l'œil vigilant de la gendarmerie.

M. J. Denneulin a peint une troupe de
musiciens allemands disposés en cercle
sur une place de village couverte de neige,
et soufflant vigoureusement dans leurs instruments. Malgré les regards désespérés
qu'ils jettent sur les fenêtres des maisons,
pas une ne s'ouvre pour qu'une main leur
donne l'aumône. *Triste recette!* Tel est le
titre de ce tableau. Il y a certainement du
talent dans cette peinture, mais elle est
restée toute provinciale. Le dessin est faible; les études sérieuses ont évidemment
manqué à cet artiste.

M. Salmson fait preuve dans son *Pierrot
au Violon*, n° 1796, de qualités réelles de
dessin et de couleur. Pierrot se réveille au
violon après une nuit orageuse, sans doute,
et témoigne par son ahurissement qu'il ne
se rappelle nullement la cause qui l'y a fait
mettre. Dans le fond, deux autres tapa-
geurs dorment accroupis. Il y a dans ce tableau, nous le répétons, de très bonnes

qualités qui nous font espérer de M. Salmson une œuvre un peu plus sérieuse pour le prochain Salon.

Au soleil. Tel est le titre du tableau de M. de Beaumont, n° 117. Au milieu des ruines d'une abbaye, un jeune homme et une jeune femme, couchés sur l'herbe verte, sont adossés à un tombeau. Des moines en pierre très encapuchonnés soutiennent la table de ce tombeau, sur laquelle un chevalier est étendu, ses pieds reposant sur un chien, comme il arrivait souvent d'en mettre dans les monuments funéraires de cette époque. La jeune femme a très drôlement coiffé ce chien de son chapeau, et, mollement étendue sur l'herbe et se chauffant au soleil, songe fort peu, vraisemblablement, au preux chevalier qui repose au-dessous d'elle. Le jeune homme sommeille ; quant à sa compagne, *horresco referens!* sans souci pour la majesté du lieu, elle fume sa cigarette! Décidément M. de Beaumont ne respecte rien !

Les Orientalistes.

Cette charmante école n'a pas dégénéré, et nous espérons qu'il en sera toujours ainsi. L'Orient est la patrie des peintres par excellence et une mine inépuisable de sujets plus intéressants les uns que les autres. Quelle vie, quelle lumière ces tableaux d'Orient ne jettent-ils pas dans nos Expositions! Nous dirons plus : une Exposition serait-elle possible sans eux? Ce serait un jour sans soleil!

M. Pasini est en progrès ; sa *Promenade dans le jardin du harem (Asie-Mineure)*, n° 1596, est d'une merveilleuse couleur. Deux pauvres recluses, accompagnées de leurs esclaves noires et blanches, et sous la garde d'un eunuque noir qui reste près de la porte, longent le mur du jardin du harem. Une esclave noire portant un perroquet ouvre la marche. L'ennui se lit sur toutes ces physionomies. Vêtements, attitudes, types et modelé, tout cela est admirablement rendu, et avec une puissance et une variété de tons remarquables.

L'*Entrevue des chefs Métualis*, dans le *Liban*, n° 1597, du même auteur, nous montre de belles études de chevaux et de costumes syriens. Mais le peintre n'a pu, dans ce tableau, éviter une certaine monotonie dans les poses de ses personnages. Le paysage, en revanche, a une grandeur véritable, et M. Pasini a parfaitement rendu la lumière chaude et éclatante de la Syrie.

M. Bridgman nous montre une équipe de fellahs et de Nubiens, halant péniblement une barque sur le Nil. Ce tableau est intitulé : *Un jour de calme dans la Haute-Egypte*, n° 298. L'impression est bien rendue et toutes les figures sont dessinées avec une précision parfaite. Le ciel manque de légèreté ; il a été peint avec le couteau à palette et a des épaisseurs de couleur qui lui nuisent.

Dans la *Conteuse nubienne au harem*, n° 299, du même artiste, les types sont vrais ; la Nubienne entre autres est parfaitement posée et *parlante*, mais l'exécution des autres figures est, pour la plupart, moins serrée que dans le précédent tableau.

Deux excellents tableaux que ceux de M. Mouchot, une *Boutique au Caire*, n° 1513, très vraie d'aspect et de couleur, et *la Chadouf*, n° 1514, système d'irrigation dans la Haute-Egypte, qui nous montre une scène prise sur le vif et des mieux rendues, en nous initiant aux travaux pénibles des malheureux fellahs. Très vrai également de ton la *Boutique de tailleur au Caire*, n° 106, de M. Baugnies. Tous ses personnages sont fort bien dessinés et causent parfaitement entre eux. Nous aimons moins sa *Danse d'almées dans un café du Caire*, n° 107.

M. Richter, dans son tableau : *Chez la devineresse*, n° 1725, est étourdissant de couleur ; c'est une des peintures les plus étonnantes du Salon, et il semble qu'il s'y soit joué des difficultés. Le soleil pénètre dans une salle par mille interstices, et cette multiplicité de points lumineux n'enlève rien à l'harmonie générale de cette composition. Les deux figures de femmes sont aussi très bien dessinées.

M. J.-J.-A. Laurens expose deux grands paysages animés de nombreuses figures : *Une halte à la porte de Téhéran*, n° 1253, et *Lac et forteresse de Vann (Arménie)*, n° 1254. Ce sont deux fort belles compositions, tant au point de vue des grandes lignes du paysage, qu'à celui des figures, qui sont toujours justes de mouvement. Les animaux sont remarquablement dessinés.

Citons encore les trois paysages de M. Berchère : *Les plaines du Delta, au printemps (Basse-Egypte)*, *Coup de vent sur le Nil pendant l'inondation*, et le *Haut-Nil, à midi*, n°s 160, 161 et 162, et les amusantes vues de Constantinople, de M. Fabius Brest : *Kief de Hamour, aux environs de Constantinople*, *Village de Beïcos, sur le Bosphore*, et un second *Village de Beïcos*, n°s 291, 292 et 293, charmantes peintures qui donnent envie d'aller admirer la nature elle-même qui les a inspirées, et transportons-nous en Algérie, avec M. Guillaumet, qui a peint un magnifique *Bivouac de chameliers*, n° 987, avec le talent consciencieux et magistral que nous lui connaissons. Le soleil vient de se coucher, et les rochers environnants se colorent de teintes roses et violettes qui peuvent sembler outrées, mais qui sont cependant de la plus rigoureuse exactitude. Le paysage a de la grandeur ; hommes et bêtes sont parfaitement dessinés et groupés.

Le *Ravin de l'Oued-Kébir* (Algérie), n° 1074, de M. Huguet, est aussi un bon tableau. Le dessin des chevaux est excellent ; malheureusement l'imitation de Fromentin est trop visible.

M. C. Brun expose une jolie *Mauresque de Constantine*, n° 317, très finement dessinée, mais d'une coloration un peu trop rose.

Citons enfin les deux tableaux de M. G. Washington : *Dans la montagne (Kabylie)*, et le *Cheikh-el-Arab, province de Constantine*, n°s 1984 et 1985, dans lesquels cet artiste se montre excellent dessinateur et observateur consciencieux des mœurs algériennes.

Nous avons terminé la revue des œuvres principales exposées au Salon de peinture. Bien d'autres auraient pu être décrites et appréciées ; mais notre cadre restreint ne nous le permettait pas.

Nous entendons dire à chaque moment : L'Exposition de 1875 ne vaut pas celle de 1874, ou encore : L'Exposition de 1875 vaut mieux que celle de 1874. C'est un procès qui nous semble très difficile à juger. Un grand nombre d'artistes célèbres n'ont pas exposé cette année ; on constate et on regrette leur abstention. Par contre, de nouveaux noms se sont produits, qui ne semblent pas au public devoir compenser l'absence des talents connus. Pour notre part, nous croyons que l'Exposition actuelle n'est ni inférieure ni supérieure à celle de l'année dernière. La même somme de talent se trouve dans les deux, et, il faut le dire aussi, le même effacement dans les caractères. Notre école de peinture moderne, à l'exception des paysagistes, qui progressent tous les jours, n'a plus ni style ni grandeur. Elle est violente souvent, savante quelquefois ; de temps en temps elle nous étonne par la difficulté vaincue, rarement elle nous charme ; elle nous amuse fréquemment, et c'est à quoi elle vise le plus souvent, mais ne nous enthousiasme jamais.

Et pourtant, il y a chez nos artistes pris en masse l'étoffe d'une grande école ; jamais il n'y a eu plus d'aspirations, plus de dispositions naturelles, plus de talent acquis. Que nous manque-t-il donc? Une direction forte et intelligente, qui montre à nos jeunes artistes le but vrai à atteindre et qui leur facilite leur tâche. Cela est moins difficile qu'on ne semble le croire. Il suffit de le comprendre et de le vouloir.

Le jury qui décerne les récompenses et à qui incombe une part si importante dans cette direction des beaux-arts, a-t-il rempli sa tâche cette année-ci? a-t-il jugé avec l'impartialité qui doit être sa première vertu? C'est ce que nous allons examiner.

Les récompenses

Le jury n'a pas jugé qu'il y eût lieu de décerner cette année une médaille d'honneur dans la section de peinture. Rigoureusement, il est dans le vrai; mais nous lui ferons observer humblement qu'il n'est pas conséquent avec lui-même. L'année dernière, il a décerné une médaille d'honneur à M. Gérôme. Nous savons que cette haute récompense était plutôt donnée à l'ensemble de l'œuvre de cet artiste qu'aux tableaux mêmes qui figuraient au Salon de 1874. Ceux-là, en effet, étaient de la peinture anecdotique, amusante, et visant à un esprit de mauvais aloi plutôt qu'au grand art. Le moment et le prétexte étaient donc mal choisis. Nous savons encore que la composition du jury de 1875 n'est pas celle du jury de 1874, quoique cependant beaucoup des mêmes noms, et des plus importants, se trouvent dans l'une et l'autre liste des jurés. Mais nous persistons à croire à une solidarité forcée, nécessaire, entre les jurys qui se succèdent annuellement, ou, sans cela, nous sommes forcés de dire qu'il n'y a aucune suite dans les idées de la direction supérieure des beaux-arts, dont le jury ne peut être que la délégation.

Si donc le jury de 1875 avait souci de continuer l'œuvre des jurys précédents, en tant qu'œuvre il y eut, comment n'a-t-il pas décerné une médaille d'honneur à M. de Neuville? Mise en regard des tableaux de M. Gérôme, du salon précédent, son *Attaque de Villersexel* est d'un mérite très supérieur. La cause véritable qui a fait décerner à M. Gérôme la médaille d'honneur de 1874, ne se trouverait-elle pas en dehors des appréciations artistiques? Et le jury n'a-t-il pas subi une pression ou des influences toutes commerciales qui ont altéré la pureté de son jugement?

Quoi qu'il en soit, nous le répétons, le jury est dans le vrai en refusant à la peinture anecdotique le bénéfice d'une aussi haute récompense, et cette année la grande peinture ne la comportait absolument pas.

Le prix du Salon, presque aussi flatteur, et pour le moins aussi important qu'une médaille d'honneur, a été décerné à M. Cormon pour son tableau de la *Mort de Ravana*. Nous sommes loin de nier le talent de M. Cormon, mais nous ne pouvons voir en lui qu'un imitateur de E. Delacroix. Sans ce grand maître, dont il n'est que l'écho affaibli, M. Cormon n'existerait pas. Le *Massacre de Scio* a été son point de départ, et en dehors d'une imitation presque servile, il n'a su produire rien qui soit remarquable dans sa composition.

Le tableau de la *Respha*, de M. Becker, sans être parfait, est une œuvre forte et originale. On sent chez cet artiste un tempérament et une vigueur qui ne demandent qu'à s'affirmer. C'était à lui qu'il fallait donner le prix du Salon.

Depuis quand donc les pastiches ont-ils le pas sur les œuvres vraiment originales? On comprend, en voyant la peinture de M. Becker, tout ce que cet artiste pourrait acquérir en étudiant les grands maîtres de l'Italie ; c'est un excellent terrain parfaitement préparé qui ne demande qu'à produire. Que pouvons-nous espérer, au contraire, des pérégrinations artistiques de M. Cormon à Rome ou ailleurs? Rien, sinon de nouveaux pastiches.

Hâtons-nous de dire que M. Cormon est élève de M. Cabanel, qui présidait le jury. Cela explique bien des choses.

Trois premières médailles ont été données : deux à la peinture de genre, une à la grande peinture. Cette proportion est-elle juste? Pourquoi le *Paysage* n'a-t-il pas eu une de ces médailles? Le *Genre* si triomphant, commercialement parlant, a-t-il besoin, en plus, d'absorber la plus grande part des récompenses?

M. Jacquet a obtenu une première médaille pour sa *Rêverie*. Ce choix s'explique par la grâce de cette charmante étude et les qualités de facture qui y sont bien visibles. Mais, en somme, ce n'est qu'une étude ; une seconde médaille ne suffisait-elle pas ? Quant à cette autre étude de M. J. Goupil, nous ne concevons plus du tout l'attribution d'une première médaille qui lui est faite. Il y a certainement aussi des qualités de facture dans sa figure de *Merveilleuse de 1795* ; mais cela ne justifie en rien la décision du jury. Une deuxième médaille récompensait, et au delà, le mérite de cette étude. Il suffira donc maintenant de peindre consciencieusement quelques étoffes sur un mannequin pour avoir droit aux premières récompenses ! L'art consiste-t-il uniquement dans le procédé ? Cette première médaille, croyons-nous, eût été beaucoup plus justement attribuée soit à M. Harpignies, soit à M. Clays, par lesquels le *Paysage* était si hautement représenté au Salon de 1875.

M. Courtat a obtenu la troisième première médaille pour une *Léda* dont nous avons déjà parlé. Cette figure n'a rien de particulier, ni comme conception, ni comme exécution. Pourquoi donc cette récompense ? La *Respha* de M. Becker ne la méritait-elle pas à plus d'un titre, et comme importance de composition et comme talent ? Mais ici nous n'avons pas besoin d'aller chercher bien loin la cause de ce déni de justice ; M. Courtat est élève de M. Cabanel, et M. Becker est élève de

M. Gérôme. Or, M. Gérôme, ayant donné sa démission de juré, n'était pas là pour défendre ses élèves.

Somme toute, il nous semble que de ces trois médailles, une seule, celle donnée à M. Jacquet, est à peu près justifiée. Les deux autres ne s'expliquent pas, et le pis, c'est que ces attributions fantaisistes, dont le mobile est peu avouable, constituent, aux dépens d'autres artistes, des injustices indéniables. Nous croyons pouvoir affirmer que là, le jury n'a pas rempli son devoir. Il a manqué à sa haute mission d'impartialité et au respect pour le grand art, qui doit toujours le guider.

Les deuxièmes médailles ont été décernées à MM. Bastien-Lepage, Bellanger, Defaux, Delobbe, Falguières, Fantin-Latour, Leroux, Sautai, Sylvestre, Vuillefroy, Wauters et Weertz.

M. Bastien-Lepage a bien mérité la sienne ; son portrait de M. H., à part quelques mollesses dans le modelé, est une excellente chose.

M. Bellanger a exposé une bonne étude de nu intitulée *Abel*. Une troisième médaille eût bien payé cette figure d'atelier, excellente sans doute, mais dans laquelle le mérite de la composition n'existe pas. Il nous semble qu'une seconde médaille ne devrait se donner qu'à une œuvre déjà assez complète comme facture et comme composition.

M. Defaux a produit un petit chef-d'œuvre dans son *Printemps dans les bois, à Auvers (Seine-et-Oise)*, et a bien gagné sa médaille. Elle s'imposait aussi pour les tableaux remarquables de MM. Delobbe et Falguières : *Pyrame et Thisbé*, du premier, et *les Lutteurs*, du second.

MM. Fantin-Latour , Leroux , Sautai , Vuillefroy et Wauters sont aussi justement récompensés. Nous avons déjà parlé des tableaux qui ont valu à ces artistes de talent leur seconde médaille.

Nous croyons que le jury a été très large en accordant des médailles de deuxième classe à MM. Sylvestre et Weertz.

La *Mort de Sénèque*, de M. Sylvestre, contient sans doute de bons morceaux de peinture; mais plusieurs figures sont absolument insuffisantes; une d'elles est. même grotesque; les violences de ton de ce tableau ne constituent pas une qualité, et enfin la composition n'est pas vraisemblable. Une troisième médaille, à titre d'encouragement, suffisait.

Même conclusion pour le *Christ descendu de la croix* de M. Weertz. Malgré des qualités de dessin et une recherche de style évidente, cette œuvre ne peut pas se classer bien haut. Elle ressemble un peu à une enluminure; de plus, la figure de la Madeleine est d'une conception fausse.

Il est permis de croire que la qualité d'élèves de M. Cabanel a été pour beaucoup dans la décision du jury relative à ces deux derniers artistes.

Vingt-quatre troisièmes médailles ont été décernées à MM. Adan, Bergeret, Butin, Cogen, Colin, Comerre, Constant, Delort, Denneulin, Dupain, Durand, Herpin,

La Villitte, de Penne, Poirson, Rapin, Roll, Sain, Torrentz, Vaisson, Weisz, Yon, Zuber et Mme Carolus Durand.

Nous avons parlé déjà de tous ces artistes, à l'exception de deux dont les œuvres ne nous avaient pas paru mériter de mention spéciale : MM. Comerre et Poirson. M. Comerre a exposé une *Cassandre*. C'est une figure d'atelier maladroitement posée sur les marches d'un autel, beaucoup trop nue, mal construite et d'une couleur toute conventionnelle. Il n'y a dans ce tableau absolument rien qui justifie cette médaille. M. Comerre est élève de M. Cabanel.

M. Poirson a peint *Les Moulières, à Villerville (Calvados)*. C'est un assez bon tableau ; mais, dans le même genre, dix autres qui n'ont rien obtenu, valaient mieux. Il y a des promesses dans ce tableau ; mais voilà tout. M. Poirson est élève de M. Cabanel.

M. Dupain, qui est compris dans la liste des médaillés de troisième classe, a exposé un immense tableau de la *Jeunesse et la Mort*, dont nous avons déjà parlé. M. Dupain méritait une réprimande de la part de son maître, pour se laisser aller ainsi à ce dévergondage de composition qui choque si vivement dans cette grande toile prétentieuse et nulle, dévergondage qui n'est sauvé par aucune qualité de facture. C'est faux de ton et mauvais de dessin. A la place de cette réprimande méritée, c'est une troisième médaille qu'obtient M. Dupain ! Il est vrai qu'il est élève de M. Cabanel.

Le total des récompenses données s'élève, dans la section de peinture, à 40. Sur ce nombre, l'atelier de M. Cabanel a obtenu :

1 prix du Salon,
1 première médaille,
4 deuxièmes médailles,
4 troisièmes médailles.

Total   10 récompenses.

Sur ce nombre, une seule, la 2ᵉ médaille accordée à M. Bastien Lepage, nous semble réellement méritée. Pour les neuf autres, la volonté du maître a influencé le jury de telle sorte qu'il s'est laissé aller à commettre de réelles injustices dans l'attribution des récompenses.

Une première faute grave, a été de donner le prix du Salon à un artiste qui ne saura pas en profiter. M. Cormon nous semble condamné à faire toute sa vie des pastiches.

Une deuxième faute, non moins grave, a été de faire une part trop large à la peinture de genre, en lui donnant deux premières médailles, et cela au détriment de notre belle école de paysagiste, qui a été complètement sacrifiée cette année.

Au prochain Salon, si un autre professeur que M. Cabanel est membre du jury, il voudra sans aucun doute prendre sa revanche et fera attribuer à son atelier les principales récompenses. Est-ce par de tels moyens qu'on espère relever le niveau de notre peinture ? et pour arriver à la notoriété, nos artistes sont-ils désormais condamnés à flatter le maître ou le marchand de tableaux ? Que devient donc la protection de l'Etat ? La direction des Beaux-Arts n'est plus qu'une chimère au milieu de ce chaos de prétentions, de camaraderie, de calculs plus ou moins intéressés, plus ou moins inspirés par quelques marchands de tableaux, dont on sent la main dans tout cela.

La direction des beaux-arts a les meilleures intentions, elle le prouve tous les jours ; mais tous les jours aussi nous la voyons entravée dans ses idées larges et généreuses par les coteries et toutes les petites passions plus ou moins avouables qui s'agitent au-dessous d'elle. Il n'y a pas de moyen terme. Que l'Etat prenne résolûment en main la direction complète des beaux-arts ; qu'il nomme le jury, en restant responsable de la marche qu'il imprimera au développement artistique ; qu'il laisse en même temps aux artistes le droit de faire d'autres expositions, si bon leur semble, ce à quoi ils ne parviendront jamais ; il en sera de cette république comme de toutes les autres, on se disputera beaucoup et on ne conclura pas ; mais que la direction des beaux-arts cesse de se compromettre avec ce jury élu qui ne fera jamais autre chose que de l'égarer, tout en la laissant responsable des erreurs volontaires ou non qu'il peut commettre, et surtout des conséquences de ces mêmes erreurs.

Il a été décerné dans la section de sculpture : une médaille d'honneur, deux médailles de 1re classe, six de 2e classe et douze de 3e. Le jury a dû éprouver quelque embarras dans l'attribution de ces médailles ; beaucoup d'artistes, en effet, méritaient des récompenses à titres égaux. Autant, dans la section de peinture, le grand art est mal représenté, autant la moyenne atteint un niveau élevé dans la section de sculpture. Cela est dû à l'enseignement consciencieux et plein de sève, et au talent solide de sculpteurs tels que MM. Guillaume, Cavelier, Jouffroy et Dumont.

La médaille d'honneur a été décernée à M. Chapu pour la statue de la *Jeunesse* qu'il a exposée cette année. Cette charmante figure est destinée à faire partie du monument élevé à Henri Regnault et aux élèves de l'Ecole des Beaux-Arts tués pendant la guerre. Il est impossible d'imaginer quelque chose de plus gracieux, et en même temps d'un sentiment plus noble que cette jeune fille, élevant une branche de laurier vers le buste du jeune artiste mort en défendant son pays. M. Chapu a su, dans cette circonstance exceptionnelle, sortir des données habituelles que l'on retrouve dans presque tous les monuments funéraires. L'idée est excessivement heureuse. C'est bien à la jeunesse qu'il appartient de couronner les jeunes artistes qui l'ont honorée par leur courage et leur sacrifice à la patrie.

Nous avons déjà décrit cette figure, et nous pourrions épuiser toutes les formules laudatives en la décrivant de nouveau. Contentons-nous de dire que jamais médaille d'honneur n'a été mieux méritée, aussi bien au point de vue de l'idée que de son exécution, qui est irréprochable.

Les deux médailles de première classe ont été données à MM. Degeorge et Lenoir.

Nous avons déjà parlé de la figure de M. Degeorge, la *Jeunesse d'Aristote*. C'est une charmante statue, d'un arrangement parfait, dans laquelle rien n'est conventionnel. Le modelé du corps du jeune Aristote est très fin et d'une précision remarquable.

M. A. Lenoir a exposé un *Saint Sébastien*. Le saint est attaché à un arbre et percé de flèches ; un chérubin lui apporte la palme du martyre.

Nous constatons avec plaisir dans cette statue un effort évident vers l'art chrétien. M. Lenoir a étudié la statuaire du XVe siècle, et dans la figure qui nous occupe, il a cherché *les maigreurs* que les sculpteurs de cette époque exagéraient quelquefois dans leurs œuvres. Un peu plus de vigueur dans les membres du jeune guerrier n'eût pas été déplacée ; les exercices du corps lui étaient évidemment familiers, et c'est un peu manquer à la vraisemblance que de l'avoir représenté si peu musclé. C'est là le corps d'un homme qui a mené une vie contemplative et ascétique, et non celui d'un soldat.

Le torse manque de finesse dans le modelé, qui peut être poussé beaucoup plus loin. Les membres inférieurs sont bien ; nous signalerons cependant un écartement exagéré entre quelques doigts de pied. En résumé, cette œuvre manque d'une personnalité acquise ; il y a de grandes qualités et une tendance que nous ne pouvons que louer, mais évidemment M. Lenoir cherche encore sa voie.

Les médailles de deuxième classe ont été données à MM. Damé, Guilbert, Michel, Moreau-Vauthier, Morice et Roubaud.

M. Damé a exposé un très beau groupe dont le sujet est tiré des Métamorphoses d'Ovide, *Céphale et Procris :* nous en avons déjà parlé. C'est certainement le groupe le mieux traité du Salon, et de l'effet le plus sculptural. Le mouvement du corps de la jeune femme est plein de souplesse et le modelé très ample et élégant ; la figure du jeune homme est un peu banale.

Le Petit justicier de M. Guilbert représente un gamin tenant d'une main un chat par la peau du cou, et de l'autre un petit oiseau mort.

Ce gentil oiseau mort, que faire du voleur ?
Le noyer ?... Voici l'eau qui bouillonne et s'agite ?
Mais il est si contrit !... Le drôle en sera quitte
   Pour la peur.

Le mouvement de cette figure est très juste ; il y a de plus des qualités de facture, de l'homogénéité dans le modelé du corps de l'enfant. Mais un sujet drôle est-il bien de mise dans la statuaire, et mérite-t-il une seconde médaille ? Nous en doutons un peu.

M. Michel a exposé une *Hébé et l'aigle de Jupiter.* C'est un joli groupe dont les lignes sont heureuses, mais qui n'a rien de bien original comme modelé ; il nous semble qu'une troisième médaille eût bien payé cette réminiscence classique.

La *Néréide* de M. Moreau-Vauthier est une belle figure, bien décorative. Il y a là une ampleur de modelé remarquable; cette statue gagnera beaucoup à être exécutée en marbre.

M. Morice a conquis sa 2° médaille avec un *Hylas* fort bien tourné, cette fois. « Hylas, compagnon d'Hercule, va boire à une source; il est surpris par des nymphes. » Nous espérons que cette figure réussie va clore la série d'*Hylas* que nous voyons depuis deux ans peupler les salons de sculpture et de peinture. Il est à remarquer que certains sujets sévissent à l'état d'épidémie ou de contagion. Nous sommes heureux de constater que cet *Hylas* est le meilleur de beaucoup ; il est parfaitement posé, très bien construit et bien modelé. Ce serait une jolie figure à mettre dans un jardin public, près d'un bassin ; son aspect est très décoratif.

Nous avons déjà parlé de la gracieuse étude grecque de M. Roubaud, le *Joueur de triangle*, d'un modelé très souple et très fin, mais qui nous rappelle un peu trop le faune de la collection Fould, maintenant au Louvre.

Les troisièmes médailles ont été décernées à MM. Albert Lefeuvre, Cordonnier, Desbois, de Vigne, Geoffroy, Itasse, Laforesterie, Lanson, Martin, Pallez, Valton.

M. Albert Lefeuvre a exposé une Jeanne d'Arc. *Jeanne d'Arc entend une voix céleste.* « Un jour d'été, jour de jeûne, à midi, Jeanne étant au jardin de son père, tout près de l'église, vit une éblouissante lumière et entendit une voix : « Jeanne, sois

bonne et sage, va souvent à l'église..... »
(*Procès de Jeanne d'Arc.*) L'artiste a représenté Jeanne encore enfant, en costume de petite paysanne. L'étonnement se lit sur sa physionomie, qui ne manque pas de finesse, mais qui a, ainsi que toute sa personne, du reste, un caractère presque maladif. On a peine à croire que cette enfant puisse devenir jamais l'héroïne de l'histoire. M. Chapu a représenté aussi ce sujet; sa Jeanne est bien la robuste jeune fille qui a sauvé la France; celle de M. Lefeuvre ne pourra jamais que tourner ses fuseaux. En dehors de cela, cette figure est très finement modelée. Les vêtements sont bien rendus, et c'est une charmante étude de jeune paysanne.

Le *Réveil* de M. Cordonnier représente un jeune homme se dressant sur ses pointes et armé d'une épée et d'une trompette. Voilà un Réveil un peu bruyant et qui ne mènera pas à grand'chose. La violence ne constitue pas plus l'énergie en art qu'en politique, et ce Réveil de M. Cordonnier criera beaucoup plus qu'il n'agira. En dehors de la conception même du sujet, il ne manque pas de qualités dans l'exécution. L'artiste paraît être maître du procédé, et nous sommes convaincu qu'il justifiera par la suite la récompense qu'il vient de recevoir.

Nous n'avons pas grande admiration pour l'*Orphée* de M. Desbois. La banalité est toujours une triste chose et tue toutes les qualités de facture possibles. C'est là le cas de l'*Orphée* en question. Cette figure est bien construite, mais qu'elle est peu intéressante ! C'est sans aucun doute à titre d'encouragement seulement que le jury lui a décerné une troisième médaille. Franchement, existe-t-il un sujet plus ennuyeux qu'Orphée ? et comment exprimera-t-on par la sculpture le charme que ses chants pouvaient faire éprouver ?

Charmante la petite *Doménica*, de M. de Vigne ; c'est une des jolies figures du Salon, et voilà une troisième médaille bien employée. Sentiment élevé et qualités de facture, tout est réuni dans cette charmante petite Italienne.

La statue de M.. Geoffroy, *Mil huit cent soixante-et-onze*, a bien gagné aussi sa récompense. Cette figure est habilement drapée et d'un très beau sentiment.

Nous ne comprenons pas du tout la troisième médaille donnée à M. Itasse pour ses deux groupes-torchères : le *Baiser* et la *Rosée*. L'art a si peu de part dans ces deux statues, qu'il nous semble qu'elles eussent mieux occupé une place dans une Exposition industrielle qu'au Salon même. Leur emploi est tout trouvé au nouveau Grand-Opéra. Marbres polychromes, bronze, émaux cloisonnés, mosaïque, rien n'a été épargné pour rendre ces deux groupes aussi lourds, empâtés et désagréables à regarder que possible. C'est bien là l'art nouveau inauguré par le pesant, luxueux et prétentieux monument de M. Garnier. Si ces deux statues de femme étaient un peu plus indécentes, elles conviendraient merveilleusement au foyer de la danse.

M. Laforesterie a exposé une statue de

jeune homme assis, intitulée : *Rêverie*. C'est bien modelé, assez décoratif, mais la figure en elle-même est pour le moins insignifiante.

La *Diane* de M. Lanson est décorative ; elle est accompagnée d'un fort beau lévrier très bien construit et modelé. Mais ce n'est pas ainsi que nous nous représentons Diane ; ce ne sont pas là les formes sveltes et élancées de la déesse, telles que les statues antiques nous ont habitués d'en voir. Malgré cela, il y a des qualités évidentes dans cette œuvre.

M. Martin a exposé une *Enfance de Bacchus*. Nous devons à la vérité de dire que ce Bacchus pourrait tout aussi bien être un saint Jean, si l'on supprimait les accessoires, et nous ne serions pas étonné que cela eût été tout d'abord la pensée de l'artiste. Il y a aussi là des qualités de procédé qui promettent pour l'avenir.

Le *Ganymède*, de M. Pallez, demande à l'aigle de l'emporter au plus vite. Ce groupe n'a aucune qualité saillante, et nous sommes étonnés que le choix du jury se soit porté sur lui. Quand donc serons-nous délivrés des Ganymèdes présents et passés, et préservés des futurs !

M. Valton, enfin, a exposé un beau groupe d'animaux. *En présence d'un ennemi ; une Lionne et ses lionceaux*. On reconnaît là l'enseignement de notre grand artiste Barye, qui sera apprécié un jour comme un des plus grands sculpteurs, sinon le plus grand de son siècle, non seulement au point de vue des animaux, dans lesquels il a été créateur inimitable, mais encore au point de vue des figures humaines, qu'il a traitées avec une puissance qui ne se retrouve que dans l'antique.

En résumé, le salon de sculpture fait le plus grand honneur à l'éminent directeur de l'Ecole des Beaux-Arts, M. Guillaume. Nous regrettons que son esprit élevé et puissant n'ait pas la même influence sur la peinture que sur la sculpture.

Comparez les envois au Salon des deux professeurs le plus en renom dans la section de peinture; cette année, la *Thamar* et la *Vénus* de M. Cabanel, l'année dernière, la petite peinture anecdotique de M. Gérôme, comparez ces mesquines productions, disons-nous, avec le *buste de Mgr Darboy*, de M. Guillaume, et *un Terme* du même maître, et vous trouverez sans peine le secret de la dégénérescence de l'Ecole de peinture des Beaux-Arts, et celui des progrès constants de l'Ecole de sculpture.

Nous tenons à dire en terminant que le buste de Mgr Darboy nous semble être l'œuvre la plus remarquable de toute l'Exposition des beaux-arts de 1875. Ce buste peut être mis à côté des plus belles productions italiennes du XVe et du XVIe siècle. Il ne le cédera à aucune, tant au point de vue du sentiment profondément religieux qui anime cette œuvre, qu'à celui de la science du modelé, que M. Guillaume possède au plus haut point auquel il soit possible d'arriver.

Paris, imp. Balitout, Questroy et Cⁱᵉ 7, rue Baillif.